MORT ÉDIFIANTE,

OU

RÉCIT DES DERNIÈRES HEURES

DE

MADEMOISELLE DE LA MUSSE.

NOUVELLE ÉDITION,

Revue, corrigée et augmentée des dernières Heures de la REINE MARIE, ÉPOUSE DE GUILLAUME III.

LIBRAIRIE DE **MARC AUREL FRÈRES**, ÉDIT.

PARIS,
Rue Saint-Honoré, 152.

NIMES,
…t de la Comédie, 3.

VALENCE,
Rue de l'Université, 8.

TOULOUSE,
Rue du Collége-Royal, 14.

1843.

VALENCE, IMPRIMERIE DE MARC AUREL FRÈRES.

PRÉFACE.

Il est si rare de voir une personne de qualité, dans la fleur de son âge, entièrement détachée du monde et de ses vanités; il est si utile de faire connaître ces beaux exemples, qu'on a cru d'obliger le public, en lui donnant une nouvelle édition des Dernières Heures de Mlle de la Musse. Il n'est pas possible de les lire sans en être touché et sans admiration. On ne sait même ce qu'on y doit admirer le plus. On y voit une Demoiselle de seize ans qui, dans un âge où les autres commencent à entrer dans le monde et à goûter les vains plaisirs qu'on y rencontre, souhaite d'en sortir, et ne pense qu'aux plaisirs éternels; affronte la mort avec autant de fermeté, de courage et de joie, que si elle eût été rassasiée de jours; qui, dans un temps où les autres n'ont que quelque légère teinture de la piété, et ne savent que les rudiments du Christianisme, parle si dignement des mystères de son salut et des fondements de son espérance, et fait une si juste application des passages de la Sainte Écriture, qu'on dirait qu'elle a veilli dans la lecture et dans la méditation des livres sacrés. On y voit une jeune personne qui, étant aimée de tous ceux dont elle était connue, devait être fort attachée à la terre, et qui cependant ne parle que du ciel et du salut que son Sauveur lui a acquis; qui pousse à tous moments des désirs enflammés vers son Dieu, et qui, malgré les douleurs aiguës qu'elle souffre, ne s'abandonne jamais au murmure contre la Providence; mais qui se soumettant à la volonté de son Créateur, triomphe par sa foi des faiblesses de la nature. On y voit aussi une mère qui, quoiqu'elle soit vivement affligée de se voir sur le point d'être séparée de ce qu'elle aimait tendrement, a pourtant assez de courage pour consoler sa fille dans ses derniers combats, et n'a point de honte de venir apprendre à bien mourir, de celle à qui elle avait appris à bien vivre. On ne trouvera peut-être pas une parfaite liaison dans tout ce que dit cette illustre mourante; mais, outre que les discours des agonisants sont ordinairement interrompus et qu'on n'a pas pu retenir tout ce qu'elle a prononcé, il est certain qu'on rencontre dans ce récit tant de choses surprenantes et touchantes, qu'on ne prendra pas garde à toutes ces liaisons. Dieu nous fasse à tous la grâce de mourir de la mort des justes!

MORT ÉDIFIANTE.

MADEMOISELLE DE LA MUSSE, dont on rapporte ici les dernières heures, était d'une des plus illustres familles de la province de ***. Elle devait la vie à des personnes d'une haute naissance et d'une extraordinaire vertu. M. de la Musse, son père, et Madame sa mère ont tenu un rang si considérable dans la société du royaume, qu'il ne faut que les nommer pour en convaincre tout le monde. Mais ce n'est pas seulement par là qu'ils méritaient d'être considérés : ils étaient beaucoup plus illustres par leur piété que par la noblesse de leur sang. On ne peut ni assez louer le zèle qu'ils ont toujours témoigné pour la gloire de Dieu, ni assez admirer leur constance dans la vraie Religion. Les souffrances et la croix qui sont le partage de l'Eglise ici-bas, n'ont jamais été capables de les faire renoncer aux vérités que le Sauveur du monde a enseignées, et que les Martyrs ont scellées de leur sang. Ils n'ont point eu de plus grand soin que d'affermir dans leur maison l'alliance de Dieu et la connaissance de la vérité, afin que tous les enfants que Dieu leur avait donnés fussent aussi bien les héritiers de leur vertu et de leur piété, que de leurs biens; ils n'ont rien eu de plus à cœur que de les former par une bonne éducation et par les exemples d'une sainte vie. Quoique Dieu eût depuis quelque temps ravi à cette maison celui qui en était le chef, la piété n'y a pas moins fleuri qu'auparavant, par les soins de Madame ***. Dieu y a toujours été honoré et craint, son saint Nom invoqué et sa Parole méditée; et cette sage mère a toujours eu la consolation de voir tous ses enfants répondre heureusement à ses désirs. Surtout il faut avouer que celle de Mademoiselle sa fille, dont on rapporte ici les dernières paroles, a fait connaître d'une façon particulière, dans les derniers moments de sa vie, combien les instructions qu'elle avait reçues dès son enfance avaient fait d'impression sur elle.

Cette pieuse fille s'étant trouvée indisposée pendant quelques jours, enfin son mal augmenta, le dimanche 4 mai, d'une manière si extraordinaire, que, jugeant que son heure approchait, elle pria qu'on appelât Madame sa mère, afin qu'elle lui vînt donner sa bénédiction et ses consolations. Elle ne la vit pas plus tôt paraître que, lui tendant les mains avec toute la soumission imaginable, elle lui dit : Ah! ma chère mère, c'est à présent que mon Dieu veut m'appeler à soi ; mettons-nous en état de camparaître devant sa face. Que je suis indigne de me présenter devant lui! que je sens ma foi faible, et que j'ai peu de repentance! Priez pour moi qu'il me pardonne mes péchés ; priez-le qu'il parle à mon cœur. Que je suis malheureuse! Priez Dieu qu'il me fasse miséricorde.

Quelque émotion que sentît Madame sa mère à ce discours, elle eut pourtant assez de force pour lui répondre : Ma fille, il est vrai que *nul vivant n'est justifié devant Dieu* (Ps. 143) sans le secours de sa miséricorde; mais le Sauveur du monde n'a-t-il pas satisfait pour les plus grands pécheurs? N'a-t-il pas pardonné le crime d'un David, d'un Manassé, d'un saint Pierre, d'un bon larron et d'une infinité d'autres? Jésus-Christ, comme vous le savez très-bien, ma fille, *n'est pas venu pour appeler les justes, mais les pécheurs à la repentance* (Matth. 9. 11).

Il est vrai, dit-elle ; mais je ne sens pas en

moi cette repentance que Dieu demande de ceux qu'il appelle à soi; hélas! il ne parle point à mon cœur. Puisque votre cœur, ma chère enfant, répondit Madame sa mère, est si sensible à la tristesse, à la vue de vos péchés, c'est une marque que votre conscience n'est pas morte. Il y a quelque chose en vous qui combat, et ce ne peut être que le Saint-Esprit. Espérez toujours en la bonté de Dieu et aux mérites de votre Rédempteur. Il a dit : *Je ne rejetterai pas celui qui vient à moi* (Jean 6. 37). A l'ouïe de ces paroles, la malade leva les yeux au ciel, et dit : *Tire-moi donc, Seigneur, et je courrai après toi* (Cantiq. 1. 4).

Elle souhaita ensuite de voir M. D. M., son pasteur, qui, dès qu'on le lui eut fait savoir, se rendit dans sa chambre, avec une partie des femmes du voisinage qui se rencontrèrent avec lui. Comme chacune s'approchait de son lit pour la voir, elle leur dit à toutes : Mes chères amies, priez Dieu qu'il me fasse grâce; et se tournant du côté du pasteur, elle lui demanda avec beaucoup d'ardeur le secours de ses prières et de ses consolations.

Quelques heures après, s'étant trouvée incommodée dans sa chambre, elle se fit porter dans une autre, et elle ne manqua pas d'abord d'ordonner qu'on la recommandât aux prières de l'Eglise. Il n'y avait que les choses de la piété qui pussent lui plaire; elle parlait toujours de la grandeur de ses péchés ; et comme on lui disait que Dieu avait fort agréable qu'on s'accusât devant lui : *Ah !* dit-elle, *celui qui confesse ses péchés et qui les abandonne, obtiendra miséricorde* (Prov. 28. 13).

Tout le reste du jour se passa sans qu'elle cessât de se plaindre de sa faiblesse à l'égard de la piété ; elle n'était pas plus tôt assoupie, qu'elle se réveillait ; et elle n'était pas plus tôt réveillée, qu'elle demandait son pasteur ; elle était dans une méditation et dans des prières continuelles, et elle disait fort souvent :

Viens à mon secours, Seigneur (Ps. 40).
Hélas ! je suis la brebis égarée.
De me chercher, ô Dieu ! prends le loisir :
Car, dans le cœur ta loi m'est demeurée.
(Ps. 119).

Ne me reprends point en ta colère et ne me châtie point en ta fureur (Ps. 6). *Si tu prends garde à nos iniquités, qui est-ce qui subsistera? mais il y a pardon auprès de toi, afin que tu sois craint* (Ps. 130). *Lave-moi de mes péchés avec l'hysope, et je serai nette ; efface mes péchés* (Ps. 51).

Ecoute, ô grand Dieu ! ma prière ;
Ne me cache point ta lumière.
Dans cette affliction pressante,
Entends mes cris, exauce-moi,
Quand, triste et confus devant toi,
Je m'agite et je me tourmente (Ps. 55).

Misérable que je suis, qui me délivrera de ce

corps de mort? (Rom. 7). Après ces mots, s'étant tue un moment, elle recommença à parler, disant : Approche-toi de moi, ô Dieu ! et je m'approcherai de toi; purifie mon cœur, afin que je m'approche de toi.

Montre-moi ta face adorable!
Mon cœur s'abat, le mal m'accable;
Hâte-toi de me secourir (Ps. 143).

O Dieu! aie pitié de moi selon ta clémence; selon la grandeur de tes compassions, efface mes péchés, rends-moi la joie de ton salut, et que ton Esprit me soutienne (Ps. 52).

On ne saurait représenter ses inquiétudes et sa douleur, quand elle faisait réflexion sur sa faiblesse et sur le peu de soin qu'elle croyait avoir eu de faire son devoir envers Dieu. Elle disait, en ce pitoyable état :

Mon Dieu, mon unique Sauveur,
Nuit et jour devant toi je crie.
Fais que mes vœux, quand je teprie,
Montent à toi, par leur ferveur.
Daigne ton oreille me tendre,
Et mes tristes clameurs entendre (Ps. 88).

Seigneur (Jér. 14), *si mes péchés témoignent contre moi, pardonne et agis, à cause de ton grand nom que j'invoque; car il n'y a qu'un moment en ta colère, mais il y a toute une vie en ta faveur* (Ps. 30).

Grand Dieu, mon aide et mon Sauveur!
Tu vois la peine qui m'accable,

Avance ta main secourable ;
Hélas ! ne tarde plus, Seigneur.

Comme le cerf brame après les eaux courantes, ainsi mon âme soupire après toi, ô Dieu ! mon âme a soif du Dieu fort et vivant. Oh ! quand entrerai-je et me présenterai-je devant sa face? (Ps. 42).

Je suis, hélas ! sur le bord du tombeau.
Fais-moi sentir l'effet de ta promesse,
Et de mes jours rallume le flambeau.
Que ta pitié m'exauce et me console,
Tu l'as promis, et même avec serment,
Et ton serment ne peut être frivole.

Pendant toute la nuit, elle prononça les endroits les plus touchants des Psaumes. Le lundi, sur les neuf heures du matin, un catholique romain l'étant venu voir et lui ayant témoigné la douleur qu'il avait de son mal, elle répondit à sa civilité, lui rendit raison de sa foi, et l'assura qu'elle voulait mourir dans la religion dans laquelle elle était née et dont elle avait toujours fait profession. Quelques jours après, M. B., pasteur, l'étant aussi venu voir, ils eurent ensemble une petite conversation, et il fit ensuite auprès d'elle une prière dont elle lui marqua les endroits qui l'avaient le plus touchée. Elle passa tout ce jour-là comme le précédent, en pleurant et soupirant sans cesse, et en disant souvent : Que de faiblesse, mon Dieu ! que je suis indigne de me présenter devant toi ! *Si tu prends garde aux iniquités, Seigneur, qui est-ce qui subsistera?*

O mon Dieu! parle à mon cœur (Ps. 119).

Tiens-toi, Seigneur, sans cesse à mon côté,
Toujours propice et toujours secourable.

Puisque mes péchés abondent, fais que ta grâce abonde par-dessus (Rom. 5. 20).

Par la grandeur de tes compassions,
Daigne, en ce jour, écouter mes demandes,
Répands sur moi tes grâces les plus grandes,
Et me soutiens dans mes afflictions.
Ne cache plus la clarté de tes yeux
A ton enfant que tu vois en détresse;
Mais, hâte-toi d'ouïr, du haut des cieux,
Les vœux ardents que sa douleur t'adresse.
Viens à mon aide, en cette extrémité,
Soutiens mon âme, et rachette ma vie.
(Ps. 69. 7).

Elle dit aussi plusieurs beaux endroits du livre des Consolations contre les frayeurs de la mort; mais comme on n'a pas pu tout retenir, on ne les rapporte point ici.

Après avoir toujours été, depuis le dimanche au matin, dans les alarmes et dans les inquiétudes que lui donnait le sentiment de ses péchés et la crainte du jugement de Dieu, elles cessèrent sur les sept heures du soir. Alors elle ressentit les consolations du Saint-Esprit, et fut remplie de cette joie inaltérable et glorieuse que Dieu répand dans les cœurs de tous ceux qui sont pénétrés d'une vive douleur de l'avoir offensé.

Pendant ces heureux moments, comme elle entendit qu'on parlait de lui donner quelque chose pour la rafraîchir, elle dit : Tout ce que l'on fait ne sert à rien; j'ai reçu de mon Dieu l'unique remède après lequel mon âme soupirait. J'ai invoqué l'Eternel, lorsque j'étais dans la détresse, et l'Eternel m'a répondu. Je sens que Dieu s'est déclaré en ma faveur, je n'ai plus rien à craindre. *La droite de l'Eternel est haut élevée, la droite de l'Eternel a fait vertu* (Ps. 118).

Je n'avais plus ni trève ni repos,
Déjà la mort me tenait dans ses chaînes;
Mon cœur souffrait les plus cruelles peines,
Quand je lui fis ma prière en ces mots :
Ah! sauve-moi du péril où je suis;
Et, dès-lors même il me fut favorable.
Il est toujours juste et secourable,
Et toujours prompt à calmer nos ennuis.
Quand j'étais prêt à périr de langueur,
Il me sauva, ce Dieu que je réclame.
Retourne donc en ton repos, mon âme,
Puisqu'il te fait éprouver sa faveur.

Elle prit ensuite ce qu'on lui avait préparé; et quelqu'un lui ayant dit qu'elle s'efforçât de dormir, elle répondit que le repos de son âme faisait toute sa joie; et sur ce qu'on ajouta qu'elle prît courage, qu'on espérait que Dieu la redonnerait aux prières que l'on ferait pour elle : Ah! ne me parlez plus, je vous prie, dit-elle, de retourner sur la terre; je n'ai désormais de pensées que pour le ciel; la mort ne me fait point de peur; je sais qu'elle *est le salaire du péché;* mais je sais aussi que la *gratification de Dieu c'est la vie éternelle.* Priez Dieu seulement qu'il me fortifie de plus en plus contre les frayeurs que me donnent mes péchés, afin que *je puisse combattre le bon combat jusqu'à la fin, pour remporter la couronne de vie* (2 Tim. 4).

Quelqu'un lui ayant répliqué que les craintes que donnent les péchés devaient être beaucoup moindres en elle qu'en personne, puisqu'elle avait toujours vécu dans une grande piété et fort retirée du monde, elle repartit : Que savez-vous si je n'aurais pas aimé le monde, si j'y avais été élevée comme d'autres personnes de ma naissance? Ne suis-je pas bien heureuse que mon Sauveur m'en veuille retirer? Prions-le qu'il dispose mon cœur, afin que j'aille à lui avec assurance d'obtenir sa miséricorde; c'est ici le temps opportun. Mon Dieu! aide-moi; hâte-toi de venir à mon secours!

Une autre personne lui ayant dit : Mais, Mademoiselle, si Dieu veut vous rendre à nous? elle répondit, sans lui donner le temps de passer outre : *Non point ce que je veux, Seigneur, mais ce que tu veux* (Matth. 26). *Cependant il m'est plus avantageux de déloger, pour être avec mon Sauveur* (Philip. 1). *Ta volonté soit faite,* ô mon Dieu ! *sur la terre comme dans le ciel !* Elle prononça le reste de l'Oraison Dominicale, et ensuite le Symbole des Apôtres; et puis, s'étant assise, elle regarda ses mains, et dit : *Ce pauvre corps retournera en poudre ; mais je sais que mon Rédempteur est vivant, qu'il demeurera le dernier sur la terre, et qu'après que les vers auront rongé ceci, je verrai Dieu de ma chair et mes yeux le verront* (1 Cor. 15). *Il faut que ce corruptible revête l'incorruptibilité, que ce mortel revête l'immortalité, et alors la mort sera engloutie en victoire. O mort, où est ta victoire?* où est le dard dont tu prétendais me percer? Mon Sauveur a rompu ce dard. Après cela, elle fut un moment sans parler, et il semblait qu'elle dormait; mais elle se tourna d'abord vers Madame sa mère, en disant d'un air gai et content : Ma chère mère, rendez-moi à Dieu, qui m'a prêtée à vous. Père céleste, s'écria Madame sa mère, en levant les yeux au ciel et soupirant, je me remets entre tes mains, et cette enfant que tu m'as donnée; rends-nous participantes de ta sainteté et de ta béatitude. La malade répondit : *Je sais à qui j'ai cru, et qu'il est puissant pour garder mon dépôt* (2 Tim. 1); et regardant sa mère fort tendrement, elle dit, ayant égard à un songe qu'elle avait fait : Ma chère mère, donnez-moi à boire de vos bonnes consolations. Et Madame sa mère lui ayant répondu : C'est l'Eternel qui t'en donnera, mon enfant;

Ah ! vous m'en avez bien aussi donné, lui dit-elle. Madame dit, en continuant : *Vous puiserez dans cette fontaine de délivrance des eaux en joie* (II. 12. 3). Et la malade lui répondit : Oui, je bois déjà de ces eaux saillantes en vie éternelle, et ma coupe est comblée. Seigneur, brise ce vaisseau de terre, pour en faire sortir le trésor que tu y as mis; retire ce souffle dont tu as animé mon pauvre corps.

La nuit suivante, elle songea qu'elle voyait deux lampes attachées au ciel. Elle récita son songe, le matin, à Madame sa mère, ce qui lui donna lieu de dire : Ma chère enfant, vierge d'Israël, épouse mystique, va-t'en au-devant de ton époux, avec ta lampe remplie de l'huile que ton Sauveur t'a donnée; sur quoi la malade s'écria : *Père, je remets mon esprit entre tes mains* (Luc. 23). Oui, je m'en vais aux noces de l'Agneau qui m'a épousée en ses grandes compassions, je serai bientôt assise à sa table, au royaume des cieux, avec Abraham, Isaac et Jacob. Son Pasteur, qui était présent à cette conversation, la voulait finir par ces paroles : *Va, bonne et fidèle servante, entre en la joie de ton Seigneur* (Matth. 25); mais la malade s'écria encore : Ah ! cette joie du Seigneur, c'est ma joie; elle ajouta que *la miséricorde se glorifiait contre la condamnation en sa faveur* (Jacq. 2). Madame sa mère et une des demoiselles ses sœurs, qui étaient demeurées seules dans sa chambre, l'entendirent ensuite prier Dieu avec un zèle inconcevable, et réciter plusieurs versets des Psaumes 6, 51, 143; elle les disait tantôt en prose, tantôt en rime vieille et nouvelle, et à la fin elle s'anima si fort, en parlant toujours à Dieu avec un zèle extraordinaire, qu'elle vint jusqu'au ravissement d'esprit, ayant des transports de joie si fort élevés, qu'il n'y a point de termes qui les puissent représenter; elle disait souvent : Que je suis heureuse; que j'ai de joie! Comment la pourrais-je exprimer? Y en a-t-il de semblable à la mienne? Que j'ai de grâces à rendre à mon Dieu, de ce qu'il m'a exaucée; aidez-moi, mes chers amis, à lui en rendre grâces.

Madame sa mère la voyant dans cet état, fit revenir tous ceux qui étaient sortis de la chambre, afin qu'ils fussent les témoins de cette joie et de sa consolation, comme ils avaient été témoins de sa souffrance. Elle était alors sur son séant, les mains jointes et les yeux fixés vers le ciel, pleins de feu et d'une gaîté surprenante, avec un air modeste accompagné pourtant de fermeté. Pendant six heures entières, elle parla toujours d'un ton élevé, s'exprimant fortement et en peu de mots; tantôt représentant sa joie, elle se servait pour cela de plusieurs passages de l'Ancien et du Nouveau Testament, qu'elle prononçait avec tant de rapidité et en si grande abondance, qu'il n'a pas été possible de les retenir; elle mêlait ses pensées avec les pensées du Saint-Esprit; tantôt elle s'adressait à notre Seigneur touchant la rédemption qu'elle avait obtenue de lui; tantôt elle s'abaissait en sa sainte présence; une autre fois elle se félicitait de son heureux état, et enfin elle rendit à Dieu mille actions de grâces des faveurs qu'elle avait reçues de sa main.

Elle fit encore la paraphrase de plusieurs chapitres de l'Ecriture Sainte, comme du 5, du 8 et du 12 de l'Epître de Romains, et du 17 de l'Evangile selon saint Jean, se les appliquant à peu près de cette manière : Mon Dieu, il n'y a point de condamnation pour ceux qui sont en Jésus-Christ; il n'y a donc rien à appréhender pour moi, car j'embrasse de tout mon cœur le mérite du Rédempteur du monde; je suis affranchie de la loi du péché; il ne me fait plus aucune peur; je sens que mon Sauveur m'a communiqué l'Esprit de vie éternelle; oui, je connais, mon Dieu, que je suis de tes enfants, puisque cet Esprit me console avec tant d'efficace.

Retirez-vous, douleurs, soucis, tristesse,
Je veux en lui me réjouir sans cesse.
(Ps. 104. 17).

Oh! que je suis heureuse! *Je n'ai point reçu l'esprit de servitude, j'ai reçu l'esprit d'adoption* (Rom. 8), qui me fait appeler le grand Dieu et le Maître du monde, mon Père. Saint-Esprit, tu rendras toujours témoignage à mon esprit que je suis enfant de Dieu et co-héritière de Jésus-Christ. *O profondeur des richesses, de la sagesse et de la connaissance de Dieu! Que ses jugements sont incompréhensibles, et ses voies impossibles à trouver; car de lui et pour lui sont toutes choses; à lui soit gloire éternellement. Amen.* (Rom. 11. 33). Seigneur, ajoutait-elle, tu as dit, dans la prière que tu fis autrefois pour tes Apôtres : *Père, je ne te prie point seulement pour eux, mais aussi pour ceux qui croient en moi par leur parole* (Jean 17). J'ai cru en toi par leur parole, tu as donc prié pour ta pauvre servante; Seigneur, tu as dit : *Père, mon désir est pour ceux que tu m'as donnés, que là où je suis ils soient aussi avec moi;* fais que là où tu es je sois aussi avec toi, pour contempler éternellement ta gloire. Et comme elle entendit que quelqu'un disait qu'elle parlait bien : Ce n'est pas moi qui parle, répondit-elle, c'est le Saint-Esprit qui parle en moi, il m'a *donné la langue des biens appris* (Es. 50. 4). Ecoutez-moi : Je veux que tout le monde sache la grâce que Dieu m'a faite; rendez-lui grâce avec moi *de son don ineffable* (2 Cor. 9. 15).

De temps en temps elle frappait des mains et elle jetait des cris d'alégresse, en répétant souvent ces paroles : Ah ! que je suis heureuse ! Comment pourrais-je exprimer ma joie ? Il est donc venu, il a vaincu, ce saint Consolateur; il m'a été envoyé pour demeurer avec moi. *Source de vie est en lui, et par sa clarté nous voyons clair* (Ps. 36). Ah! que j'ai reçu de grâces de mon Dieu (Ps. 116); *tous ses bienfaits sont sur moi, je suis trop petite au prix de ses faveurs* (Gen. 32. 10), dont il a comblé mon âme; et ma bouche, elle l'en loue avec chant de réjouissance. Ah! que je suis bien enrichie des excellentes richesses de ta grâce, ô mon Dieu! tu as essuyé toutes larmes de mes yeux (Ap. 2. 17). *Tu m'as donné un caillou blanc, où est écrit ce nouveau nom que nul ne connaît, sinon celui qui le reçoit; tu me rassasies des biens de ton palais; tu m'abreuveras au fleuve de tes délices; l'Eternel est mon Pasteur; je n'aurai point de disette; il me fait reposer dans des parcs herbeux, et me mène le long des eaux coites; il restaure mon âme, et il me conduit par des sentiers unis pour l'amour de son nom; même quand je marcherais dans la vallée d'ombre de mort, je ne craindrais aucun mal; ton bâton et ta houlette sont ceux qui me consolent* (Ps. 65. Ps. 36. Ps. 23). Qui suis-je, mon Sauveur, que tu aies fait de mon cœur le sanctuaire où tu habites? Je t'adore, je te bénis, ô mon Dieu! Aidez-moi, mes chers amis, à lui en rendre grâces; *mon âme magnifie le Seigneur, et mon esprit se réjouit en Dieu, qui est mon Sauveur, car il a regardé à la petitesse de sa servante* (Luc 1). Oh! que mon Dieu est bon d'une bonté infinie d'avoir eu pitié de moi. Hélas ! que mon Sauveur Jésus est charitable ; qu'il est aimable : il m'a souverainement aimée, lorsque j'étais son ennemie ; il a heurté à la porte de mon cœur ; il est entré quand les portes étaient fermées ; il m'a dit : Paix à ton cœur. Oh ! quel abîme de charité : ce vrai Dieu et vrai homme a souffert la mort ignominieuse de la croix pour me racheter. Oui, mon divin Sauveur, je vois couler par les cicatrices de tes mains, de tes pieds et de ton côté, je vois, dis-je, comme des fleuves de sang, qui sont autant de fleuves de grâces qui m'ont rendue plus blanche que la neige. Je t'adore, je t'embrasse, ô mon Sauveur, ô mon Dieu ! Divin Soleil de justice, veuille resplendir dans mon âme ; illumine-la de ta connaissance, remplis-la de ta crainte, pénètre-la de ton amour, fais-la participante de ta sainteté et de ta béatitude, et après qu'elle aura quitté son corps infirme, fais qu'elle le reprenne glorieux pour régner avec toi aux siècles des siècles. Amen.

Un gentilhomme du voisinage la voyant ainsi dans le ravissement, les yeux fixement arrêtés vers le ciel, dit à Madame sa mère qu'il croyait que sa fille pouvait bien dire comme saint Etienne : *Je vois les cieux ouverts et le Fils de l'homme assis à la droite de Dieu.* La malade l'ayant entendu, s'écria : Ah ! oui, je le vois, et comme saint Paul, *je vois des choses qu'il ne m'est pas possible d'exprimer.* Mes chers amis, que ne voyez-vous les mêmes choses! Dieu vous fera un jour la même grâce; il ne la fait pas à tout le monde; et s'excitant ensuite elle-même, dit : *O mon âme! bénis l'Eternel; et tout ce qui est au-dedans de moi, bénis le nom de sa Sainteté; mon âme, bénis l'Eternel, et n'oublie pas un de ses bienfaits; oui, je bénirai l'Eternel en tout temps; sa louange sera continuellement en ma bouche. Magnifiez l'Eternel avec moi; louons son nom tous ensemble.*

A mes soupirs tes soins ont répondu (Ps. 119).
Fais que ta voix m'instruise et me redresse.

Oh! que j'aime mon Sauveur, de ce qu'il a exaucé ma voix et mes supplications; il a incliné l'oreille à mon cri : c'est pourquoi je l'invoquerai toujours (Luc 2. 14). *Gloire soit à Dieu, aux lieux très-hauts; en terre, paix envers les hommes de bonne volonté. Seigneur, laisse maintenant aller ta servante en paix, car mes yeux ont vu ton salut* (Luc 2).

Après avoir dit plusieurs autres choses de l'Ecriture Sainte, qu'elle entremêlait souvent de ces paroles : Que je suis heureuse! Que j'ai de joie! elle s'assit sur son lit, et dit, de la meilleure grâce du monde, à ceux qui étaient dans sa chambre :

Vous enfants bienheureux,
Venez m'écouter en ce lieu,

Venez apprendre à craindre Dieu,
Il entendra vos vœux (Ps. 34).

Je vous raconterai ce que l'Eternel a fait à mon âme. Je l'ai invoqué de ma bouche, et il a été exalté par ma langue. *Si j'eusse pensé quelque outrage dans mon cœur, le Seigneur ne m'aurait point écoutée;* mais vraiment mon Dieu m'a écoutée, et il a été attentif à la voix de ma supplication; remercions donc l'Eternel qui ne m'a point rejetée, ni détourné sa miséricorde arrière moi.

Après tous ces discours, elle pria Dieu pour le Roi, et dit : *O Dieu! donne tes jugements au Roi et ta justice au Fils du Roi; fais qu'il juge ton peuple en justice, et qu'il conserve l'équité à ceux des tiens qui sont en affliction* (Ps. 72). Bénis, de tes bénédictions du ciel en haut, et de la terre en bas, toute la Maison royale. O Dieu! qui tiens en ta main le cœur des Rois, inspire dans le cœur de ton oint des mouvements de bénignité et de débonnaireté, de compassion, de piété et de support pour tes pauvres troupeaux désolés qui sont tes sujets fidèles.

O Seigneur, veuille nous défendre,
Et faire que le Roi
Puisse, au besoin, nos voix entendre,
Et calmer notre effroi (Ps. 20. 5).

Elle récita aussi ce qui convenait à ce sujet, des Psaumes 44, 74 et 102, et pria Dieu en même temps pour l'Eglise en général, disant entr'autres choses : O Dieu miséricordieux, regarde en tes grandes compassions ta pauvre Sion, ta pauvre Epouse : elle est affligée, elle est en douleur, elle est oppressée ; *il est temps que tu aies compassion de ses plaies, et que tu renouvelles sa jeunesse comme celle de l'aigle* (Ps. 102 et 103). Que tes enfants, ô Dieu ! aient prospérité. Pauvre Eglise ! il n'y a point de repos pour toi, ici-bas ; il faut que tu y portes, comme ton Maître, la couronne d'épines ; mais ce ne sera que pour un temps ; ta misère finira, ton Sauveur te fera goûter, un jour, des joies et des félicités éternelles, dont il m'a déjà donné quelque avant-goût, et j'en jouirai à plein avec toi Elle pria de même en particulier pour l'Eglise de ***. Elle demanda à Dieu qu'il y entretînt l'union et la concorde, et elle dit : Le Dieu de paix soit toujours avec elle !

Elle récita ensuite le Psaume 133, et après le passage de saint Paul, *Prévenez-vous l'un l'autre par honneur* (Rom. 12. 11). Un moment après elle se tourna du côté de Madame sa mère, et lui dit : Ma chère mère, louez Dieu toute votre vie de la grâce qu'il vous a faite d'avoir mis au monde une fille qu'il a faite le temple de son Esprit, quoiqu'elle ne soit qu'un misérable vermisseau de terre. Le grand Dieu vous bénisse ; qu'il bénisse votre postérité de ses plus saintes bénédictions. O Dieu! fais qu'elle soit honorée de ta sainte alliance, de génération en génération, et de siècle en siècle, jusqu'à ce qu'il n'y ait plus de soleil ni de lune.

Elle donna ensuite sa bénédiction à Mesdemoiselles ses sœurs, qu'elle fit approcher d'elle; elle la donna aussi à Messieurs ses frères et beaux-frères, à Madame sa belle-sœur et à Madame sa nièce, quoiqu'ils fussent absents, et appela après cela tous ceux qui étaient dans sa chambre, et qui l'avaient veillée la nuit précédente avec son Pasteur, et les embrassant tous fort tendrement, elle leur donna aussi la bénédiction, et parla à chacun d'eux selon son état, si bien et si à propos, qu'elle se faisait admirer de tous.

Elle fit en particulier beaucoup d'honnêteté à Monsieur de D. L. C., et lui témoigna sa reconnaissance de l'attachement qu'il avait pour sa maison, le priant d'en avoir toujours le même soin; et adressant aussi la parole à Madame de D. L. C, sa femme, elle lui dit: Venez, Madame, vous réjouir avec moi, venez prendre part à ma joie, je suis si contente et si heureuse! Elle leur fit ensuite à tous en général cette exhortation : Quittez vos péchés, mes chers amis; vous avez vu les cruelles angoisses que les miens m'ont données; édifions toujours l'Eglise du Seigneur, selon notre vocation ; mais surtout donnons de bons exemples (Tit. 2), *en vivant sobrement, justement et religieusement. Pensons à toutes les choses qui sont véritables, justes, pures, aimables ; qui sont de bonne réputation, et dans lesquelles il y a quelque vertu et quelque louange, afin que le Dieu de paix soit avec nous* (Phil. 14).

Ah ! que je vous aime tous également en Jésus-Christ ! Je n'aime pas davantage ma mère, mes frères et mes sœurs, que j'aime tous ceux que je connais ; j'aime tout le monde ; j'aimerais jusqu'à mes ennemis, si j'en avais.

Dans ce moment-là, ayant entendu pleurer quelqu'un près de son lit, elle dit : Ne pleurez point pour moi, pleurez vos péchés. Puis, se reprenant aussitôt, elle changea son expression, et dit : Pleurons, pleurons nos péchés ; et, pour marquer qu'elle n'était point touchée de ce qu'on pleurait pour elle, elle ajouta qu'elle *ne connaissait plus personne selon la chair* (2 Cor. 5) ; qu'elle avait appris ce passage de Monsieur ***, à qui une pieuse Dame le disait dans ses dernières heures ; et se souvenant de cette personne, elle pria Dieu de lui donner sa bénédiction, ajoutant : C'est une bonne âme en qui j'ai toujours reconnu beaucoup de piété et de charité. Dieu le bénisse et augmente de plus en plus ses dons en lui ! Ne le verrai-je point ? Je voudrais bien qu'il fût ici ; je me donnerais de bonnes consolations, et nous nous consolerions si bien l'un l'autre. Elle redoubla ici ses bénédictions à Monsieur D. M., qu'elle appelait toujours son bon Pasteur, son cher Pasteur; et l'embrassant, elle lui souhaita la tranquillité de la vie, la prospérité de sa famille, et la paix avec ses frères. Le Seigneur, lui dit-elle, veuille bénir votre saint ministère! Je voudrais bien voir aussi Monsieur D. B.; Dieu le bénisse, et les siens! Après avoir ainsi parlé à ceux qui étaient présents, elle recommença à rendre ses actions de grâces à Dieu, avec le même zèle qu'auparavant, en disant :

Loué soit donc à jamais l'Eternel,
Le grand Dieu d'Israël!
De siècle en siècle, à lui soit tout honneur!
Mon Créateur, mon puissant Rédempteur,
Mon saint Consolateur,
Un seul vrai Dieu, à Toi soit tout honneur!
Amen, Amen! Seigneur.

Elle récita plusieurs fois la fin du Paume 41, que Madame D. L. S., sa tante, lui avait appris, et témoigna qu'elle souhaitait fort de la voir, répétant plusieurs fois : Que je vous aime, ma chère tante! Que je souhaiterais vous avoir près de moi! Vous m'aideriez si bien à louer Dieu! Que je vous aime de m'avoir si bien appris à le bénir. Oui,

Mon Dieu, je te bénirai
Tant que je respirerai (Ps. 146).

Mon Dieu, je te veux louer incessamment; tu m'as bien aimée; tu m'as dit : *Quand il me réclamera, je l'exaucerai, je serai avec lui; quand il sera dans la détresse, je l'en retirerai, et il me glorifiera; je lui ferai voir ma délivrance* (Ps. 91). Seigneur, tu m'as bien exaucée, en consolant mon cœur, qui a tant soupiré après toi; tu m'as consolée d'une manière admirable par ta Parole et par ton Esprit; tu m'as retirée de toutes mes craintes. Glorifie-moi parfaitement dans ton ciel; donne à mon corps et à mon âme une vie éternelle. Je l'ai obtenue, Seigneur : j'ai vu déjà ta délivrance.

Elle prenait un extrême plaisir à faire la paraphrase des passages de l'Ecriture. Il semblait qu'elle venait de recevoir une nouvelle vocation de Dieu, surtout celle d'enseigner à chacun ses devoirs. On ne saurait dire combien de fois elle répéta :

Jamais je ne serai
Sans bénir le nom du Seigneur;
Ma bouche dira sa grandeur,
Pendant que je vivrai;
Mon seul plaisir sera
De voir mon Dieu glorifié;
Et le fidèle édifié
A mon chant se joindra (Ps. 34).

Elle disait ce Psaume 34 tous les jours, en prose et en rime vieille et nouvelle, et elle en récitait souvent ce verset :

Que jamais du prochain
Ta langue n'attaque l'honneur ;
Ne sois ni fourbe, ni trompeur,
Ni querelleur, ni vain.

Je veux continuellement rendre grâces à mon Dieu, pour tous les biens qu'il m'a faits ; je souhaiterais que toute l'Eglise fût ici ; qu'on fît entrer tous ceux qui voudraient me voir ; mais je souhaiterais que tous ceux de religion contraire y fussent, pour leur faire connaître combien ma religion est bonne, puisque c'est elle qui me fait bien mourir. *Si quelqu'un n'aime point notre Seigneur, qu'il soit anathème* (1 Cor. 16. 21). Que je suis heureuse! Que j'ai reçu de grâces! Que j'ai de joie! Louange soit rendue à mon Sauveur des grâces qu'il m'a faites.

Dans ce temps-là on regarda une montre qui était sur la table, et l'on vit qu'il était plus de minuit, et qu'il y avait plus de six heures qu'elle parlait, ce qui étonna tout le monde, parce qu'elle avait une palpitation de cœur très-violente qui faisait craindre pour sa vie. Cela fit qu'on la pria de cesser de parler ; mais elle en eut un si sensible déplaisir, que, dès qu'on lui en eut fait la proposition, elle répondit avec indignation : Je ne puis me taire : je veux parler (Ps. 45). *Mon cœur bouillonne de bons propos! ô mon Dieu! mon cœur est disposé : je chanterai et psalmodierai* (Ps. 108) ;

et ayant gardé un moment le silence : Que je souffre de me taire ! s'écria-t-elle. En effet, elle n'eut pas plus tôt cessé de parler, qu'on entendit comme un râle dans la gorge qui l'incommodait extrêmement. Cependant elle ne laissait pas de s'entretenir toujours avec son Dieu. Et comme ceux qui étaient dans sa chambre s'éloignèrent de son lit, Madame sa mère se coucha auprès d'elle, et toutes deux goûtèrent un repos assez tranquille. Le mardi matin, après avoir parlé quelques moments avec Madame sa mère, elle tendit les mains à un Gentilhomme du voisinage qui l'était venu voir; et comme èlle vit qu'il pleurait, elle lui dit : Vous pleurez, Monsieur ! Est-ce de ce que Dieu m'aime et de ce qu'il me veut tirer à lui ? Elle lui allégua là-dessus l'exemple de Josias, roi de Juda, que Dieu retira du monde, parce qu'il l'aimait, afin qu'il ne vît pas les maux qui devaient arriver à la ville de Jérusalem et au peuple des Juifs. Et Madame sa mère étant revenue près de son lit : Que je me sens tranquille, lui dit-elle, ma chère mère ! Grâce à Dieu, je ne sens aucun mal aujourd'hui, et je suis fort à mon aise; mon Sauveur m'a délivrée de tous mes maux : je l'en veux louer incessamment; et dans ce moment elle commença à réciter plusieurs Psaumes tant en prose qu'en rime, dont elle prenait seulement les endroits qui convenaient le mieux à son état; elle récita le 25, en prose, les 27 et 34, de la version de M. Courad, les 6, 32, 66, 103, 118 et 146, de la version de M. Gilbert, insistant particulièrement sur ce qui servait le plus à sa consolation. Elle en récita aussi quelques autres de notre ancienne version, et tout cela avec fort grande dévotion. Sur quoi Madame sa mère lui dit : Ma chère fille, tu seras bientôt du chœur des Anges et des Séraphins, et tu entonneras bientôt avec eux le cantique de l'Agneau. Oui, dit-elle, je chanterai mélodieusement de saints alléluia à sa gloire. Et comme elle s'aperçut que Madame sa mère l'écoutait attentivement, elle ajouta : Ma bonne mère, il faut toujours tâcher d'édifier nos prochains, en louant Dieu, et nous devons en tout temps consoler nos frères de la même consolation dont nous voudrions être consolés nous-mêmes.

Une Demoiselle lui ayant, après cela, demandé si elle ne voulait point prendre de nourriture, elle répondit : Je n'ai point de volonté; apportez-moi ce que vous voudrez, et faites de moi tout ce qu'il vous plaira, il n'en sera ni plus ni moins; et se tournant vers une autre demoiselle du voisinage, qui entrait dans sa chambre et qui lui témoignait d'avoir été extrêmement édifiée de toutes les bonnes choses qu'elle avait ouï dire la nuit précédente, elle lui dit : Ma chère amie, ne vous étonnez-vous point de m'entendre parler si long-temps avec tant de hardiesse et de facilité, moi qui ai toujours eu de la timidité et qui parlais si peu à mon ordinaire : ce sont des grâces de Dieu à ne pas oublier. Et regardant pleurer Madame sa mère : Ce n'est pas à vous à verser des larmes, lui dit-elle : c'est à Madame *** (elle voulait parler d'une fille qui avait changé de religion), qui a juste sujet de pleurer sa fille ; mais la vôtre s'en va à Celui qui donne la gloire et non pas la vanité.

Quelques heures après, Mesdemoiselles ses sœurs étant assises sur son lit, Madame sa mère s'y mit aussi ; et comme elle disait à Dieu : Seigneur, *me voici et les enfants que tu m'as donnés* (Es. 8. 18), la malade répondit aussitôt : Rendons tous grâces à Dieu, ma chère mère ; *mais que rendrai-je à Dieu pour tous ses bienfaits?* (Ps. 116). Aidez-moi à bénir mon Dieu, je vous prie, ma chère mère et mes chères sœurs ; ne pleurez jamais, je suis trop heureuse : mon Dieu m'appelle à lui. Hélas ! que j'aurais été malheureuse au monde ! on n'y fait que l'offenser ; on n'y voit que des choses fâcheuses ; on s'y persécute soi-même, et il n'y a enfin que vanité. Madame sa mère lui dit : Ma chère enfant, tu étais bien éloignée d'en avoir. Oh ! ma chère mère, lui répondit-elle, vous ne connaissez pas le fond de mon cœur ; j'aurais voulu faire une belle figure dans le monde, et peut-être que si j'y fusse demeurée, le monde m'aurait perdue. Dieu veuille soutenir nos frères qui sont dans la tentation ! Elle en nomma même quelques-uns, en disant : (1 Cor. 10. 12) *Que celui qui est debout prenne garde qu'il ne tombe; le monde passe et sa convoitise, mais celui qui fait la volonté de Dieu, demeure éternellement* (1 Jean 2. 17). Puis s'adressant à Mesdemoiselles ses sœurs, elle leur dit : Mes chères sœurs, soyez toujours attachées à la sainte Parole de Dieu, pour en faire un bon trésor. *Seigneur, tes témoignages sont des choses merveilleuses. Heureux sont ceux qui écoutent ta Parole et qui la serrent dans leur cœur!* Elle leur recommanda fort d'apprendre les Psaumes de la version de feu M. Conrad et de M. Gilbert, et de choisir ceux qui sont les plus consolants. Elle en savait 5 des premiers et 1 des derniers. Dès l'âge de treize ans, elle savait tous les 150 de l'ancienne version, qu'elle avait appris chez Madame la marquise D, V., sa tante et sa marraine. Elle en savait aussi plusieurs en prose, et les aimait extrêmement; et quoiqu'elle sût encore plusieurs chapitres de l'Ecriture, et presque tous les plus beaux passages, elle se plaignait souvent de son peu de mémoire.

Après qu'elle se fut un peu reprise, elle commença de nouveau à parler; et s'adressant à une des Demoiselles ses sœurs, elle l'exhorta sur toutes choses à apprendre une prière qui est dans le livre des *Consolations contre les frayeurs de la mort*, pour demander à Dieu la manière de bien mourir, et à s'en servir tous les jours, lui faisant connaître qu'elle avait été exaucée en tous ses points. Elle récitait tous les matins le Psaume 90 : *Tu fus toujours, Seigneur, notre retraite, notre secours, notre unique défense, etc.*

Une Dame du voisinage lui ayant amené ses deux filles, qu'elle avait demandées, la nuit précédente, elle leur dit : Mes chères amies, ayez toujours la crainte de Dieu devant les yeux; ne vous détachez jamais de la pure vérité qui est dans sa Parole; obéissez à votre père, à votre mère et à vos supérieurs, et *n'aimez jamais le monde ni les choses qui sont au monde; car si quelqu'un aime le monde, l'amour du Père n'est point en lui* (1 Jean 2. 15).

Elle parla dans ce moment de quatre ou cinq de ses autres amies, et les souhaitait auprès d'elle, surtout une pour qui elle avait toujours eu une grande tendresse, qu'elle recommanda à Madame sa mère, en la suppliant d'en avoir soin et de la prendre sous sa protection. Sur quoi Madame sa mère lui en ayant nommé d'autres, elle pria Dieu avec beaucoup d'ardeur de les bénir, et lui demanda particulièrement d'assister une personne qui était affligée d'une manière extraordinaire.

Autant elle avait de répugnance à parler pendant qu'elle était en santé, autant paraissait-il qu'elle parlait avec plaisir pendant sa maladie; et c'était avec la plus grande facilité qu'elle eût jamais eue, n'oubliant rien de tout ce qu'elle pouvait dire de plus édifiant. Après avoir reposé environ une heure, elle se réveilla, et l'un des médecins qui la traitaient, fut surpris de la tranquillité dans laquelle il la trouva, et de ce qu'elle n'avait ni la voix ni le visage d'une malade, mais au contraire l'air fort gai et l'esprit fort libre; il fut encore étonné de ce qu'elle lui parlait fort bien de son état. Il commença pourtant à désespérer de sa guérison, en voyant la grande palpitation de son cœur, et que son estomac était hors d'état de pouvoir plus rien souffrir. Elle prenait tout ce qu'il lui présentait, en lui disant souvent : Je ferai, Monsieur, tout ce qu'il vous plaira de m'ordonner; vous êtes appelé pour me secourir, c'est à moi à faire tout ce que vous trouverez bon.

Madame sa mère, qui était affligée au-delà de ce qu'on peut penser, et qui ne trouvait de consolation que dans le saint et heureux état où elle la voyait, lui dit : Ah! ma chère fille, que tu m'édifias hier, et que tu m'édifies encore aujourd'hui par tes discours! Oui assurément, répondit-elle, je me sentais hier une liberté d'esprit que je n'avais jamais eue; je parlais avec éloquence et hardiesse des choses magnifiques de Dieu; je disais ce que je ne savais pas auparavant; je comprenais les mystères du salut, qu'on ne connaît point ici-bas, et que je ne puis vous dire, parce que ce sont des choses inexprimables; et Dieu me fait encore la grâce d'être à présent dans le même état.

Elle fut assez tranquille le reste du jour, et ne souffrait presque point, pourvu qu'on ne lui fît rien prendre, car ce qu'elle prenait la faisait beaucoup tousser; elle sommeillait de temps en temps; à son réveil, parlait toujours au Pasteur, et se félicitait elle-même de son bon état, et des grâces qu'elle avait reçues le jour précédent. L'unique sujet de ses entretiens était la Sainte Ecriture; elle en tirait toute sa consolation; elle en trouva beaucoup surtout dans le premier chapitre de l'Epître aux Romains, et souvent elle rendait ses actions de grâces à Dieu par des passages de Psaumes semblables à ceux-ci :

Jamais je ne serai
Sans bénir le nom du Seigneur :
Ma bouche dira sa grandeur,
Pendant que je vivrai (Ps. 34).
Quand je t'invoque tu m'entends;
Quand il est temps tu me consoles.
(Ps. 138).

Quand il fut temps, secours de Dieu me vint

(Ps. 18). *Là où le péché avait abondé, ta grâce, ô Dieu! a bien abondé par-dessus* (Rom. 5. 20).

Aux tiens, Seigneur, tu redonnes ta paix (Ps. 85). *Mon cœur me dit de par toi : Cherche ma face. Je chercherai ta face, ô Eternel* (Ps. 27). Oui, mon Dieu, tu me la montreras bientôt sans voile dans ton saint Paradis.

Elle commença ensuite, avec son Pasteur, le dialogue du monde le plus édifiant, dont le recueil se verra séparé; il assure qu'elle lui ouvrait l'esprit d'une manière surprenante. Après cela elle parla ainsi à Madame sa mère : Ma chère mère, la paix de Dieu qui surmonte tout entendement possède mon âme; l'Eternel m'a cherchée, il m'a trouvée. Que mon Seigneur Jésus est bon, de s'être donné lui juste pour les injustes! Elle récita encore plusieurs vers du Psaume 119, et entr'autres ceux-ci :

Ta vérité, comme un flambeau qui luit,
Me sert de guide, et sa vive lumière
Me vient montrer tes sentiers dans la nuit.

Et, faisant réflexion sur ses inquiétudes passées, elle dit :

Un jour, dans l'excès de ma crainte,
Je dis : Dieu m'a laissé;
Hélas! il m'a chassé;
Mais, touché de ma triste plainte,
Au fort de ma détresse,
Dieu soutient ma faiblesse.
Ta main répand tes dons sacrés sur moi;

Qui suis-je, hélas! pour des faveurs si grandes,
Puisque mes biens ne vont point jusqu'à toi?
Tu me soutiens, tu préviens mes demandes.
Oh! qu'admirable est ton amour pour moi!
Aussi toujours la présence adorable
De l'Eternel me rend inébranlable;
Car de plaisirs dans l'âme du fidèle
Tu fais couler une source éternelle.

Souvent elle répétait:

Venez donc aujourd'hui,
Et goûtez combien il est doux!
Heureux, cent fois heureux vous tous
Qui n'espérez qu'en lui! (Ps. 34).

Eternel! quel homme pourra
Habiter dans ton tabernacle?
Qui sur ton saint mont se verra,
Et qui de ta bouche entendra
Toujours quelque nouvel oracle?
Ce sera l'homme seulement
Qui marche droit en toute affaire,
Qui ne fait rien que justement,
Dont la bouche jamais ne ment,
Soit pour surprendre, soit pour plaire;
L'homme dont la langue ne fait,
Par ses rapports, aucun dommage;
Qui jamais personne ne hait;
Mais qui de parole et de fait
Défend son prochain qu'on outrage;
L'homme qui fuit les vicieux,
Qui recherche et qui favorise

Ceux qui craignent le Dieu des cieux,
Qui même à son dam, en tous lieux,
Fait la chose qu'il a promise;
Enfin l'homme qui ne prendra
Nulle usure de ce qu'il prête,
Et qui le bon droit défendra.
Celui qui ce chemin tiendra,
Ne trouvera rien qui l'arrête (Ps. 15).

Tu as fait du bien à ta servante selon ta Parole. *Cette Parole rend les simples entendus* (Ps. 19). Jamais, mon Dieu, je n'oublierai ta Parole. Elle dit plusieurs autres versets de Psaumes, et après avoir un peu médité, elle récita ces versets du huitième chapitre aux Romains. Désormais je ne crains plus rien. *Qui est-ce qui intentera accusation contre les élus de Dieu? Dieu est celui qui justifie. Qui est celui qui condamnera? Christ est celui qui est mort, et qui plus est, qui est ressuscité.* Son Pasteur lui dit : Mademoiselle, vous avez imité le Marchand prudent de l'Evangile; vous avez cherché la perle de grand prix, et vous l'avez trouvée. Elle lui répondit : C'est mon Sauveur qui m'en a fait présent. N'est-il pas vrai, Monsieur, *que nul ne peut dire Jésus être Seigneur, sinon par le Saint-Esprit?* (1 Cor. 12. 3); que nul ne peut aimer, sinon par le Saint-Esprit? C'est lui-même qui a mis la parole dans la bouche de sa pauvre servante. Oh! que cette parole m'est un grand secours! C'est ma chère mère qui me l'a apprise. Et, se tournant de son côté : C'est vous, ma chère mère, lui dit-elle, qui nous avez si bien instruits ; vous nous avez donné de si bons exemples! Je voudrais en avoir mieux profité. Vous avez attiré la bénédiction de Dieu sur notre maison; je le prie de toute mon âme qu'il vous bénisse de plus en plus et qu'il fasse prospérer toutes vos affaires. Madame sa mère prenant la parole, lui répondit : Vos discours, ma chère fille, sont autant de reproches que je me fais à moi-même de ne m'être pas assez bien acquittée de mon devoir. Dieu me fasse la grâce de faire mieux à l'avenir, selon ma vocation! Et comme c'est en vain que *Paul plante et qu'Appollos arrose*, je le prie qu'il me donne l'accroissement (1 Cor. 3).

Le reste du jour et même une partie de la nuit se passa en de semblables conversations; mais ayant pris ensuite quelque repos, elle demanda, en se réveillant, quelle heure il était. On lui dit qu'il était trois heures. Hélas, mon Dieu! s'écria-t-elle, ton soleil éclairera-t-il encore aujourd'hui ma souffrance? Si tu voulais, Seigneur, tu le ferais lever sur le jour de mon repos, et alors je te dirais dans un saint ravissement : *Voici maintenant le jour agréable, voici maintenant le jour du salut* (2 Cor. 6).

Madame sa mère lui dit : Quand il lui plaira,

nous verrons chacun de nous le jour auquel nous pourrons dire : *Ton soleil ne se couchera plus ; car le Seigneur te sera pour lumière perpétuelle, et les jours de ton deuil seront achevés* (Ps. 90. 20). Oui, ma chère mère, répondit-elle, *encore un peu de temps, et celui qui doit venir viendra, et ne tardera point* (Héb. 10. 37). Je dirai bientôt :

Ah ! voici l'heureuse journée
Qui répond à notre désir.
Louons Dieu qui nous l'a donnée ;
Faisons-en tout notre plaisir.
Qu'on m'ouvre ces portes si belles
Du saint Temple au Seigneur voué,
Et qu'en présence des fidèles,
Son Nom y soit par moi loué (Ps. 118).

O Mort, messagère de bonnes nouvelles, que tu serais la bienvenue ! Mets-moi entre les bras de mon intime ami, qui m'a aimée dès la fondation du monde.

Elle eut encore ce jour-là visite d'une de ses bonnes amies, qui, s'étant approchée de son lit, lui tendit la main, en lui témoignant le déplaisir qu'elle avait de la voir en cet état ; mais elle, la serrant de la sienne, lui dit d'un air gai : Ma chère amie, si tu savais la grâce que Dieu m'a faite, et combien je suis heureuse, tu avouerais avec moi que je serais malheureuse, s'il ne m'avait pas visitée.

Elle reposa, après cela, environ une heure ;

et, à son réveil, elle dit : Qu'est-ce que notre vie? Ce n'est certes qu'une vapeur qui paraît pour un peu de temps et puis s'évanouit. *Enseigne-nous tellement à compter nos jours, que nous en ayons un cœur sage* (Ps. 90). *O Dieu! qu'est-ce que l'homme, que tu te souviennes de lui, et le Fils de l'homme, que tu le visites?* (Ps. 2).

Le jour qu'il expirera,
En poudre il retournera (Ps. 146).

Mais nous savons que si notre habitation terrestre de cette loge est détruite, nous avons une maison éternelle au ciel, qui n'est point faite de main (2 Cor. 1). *La gloire de cette dernière maison est bien plus grande que celle de la première* (Agg. 1. 9). *Les choses visibles sont passagères, mais les invisibles sont éternelles* (2 Cor. 18).

Elle dit ensuite : Appelez mon Pasteur, afin qu'il me console; hélas! les consolations du Saint-Esprit sont l'aliment de mon âme : *Ta Parole, Seigneur, est plus douce à mon cœur que le miel en la bouche* (Ps. 19).

Elle n'eut pas plus tôt aperçu le Pasteur, qu'elle lui dit : *Allons*, Monsieur, *allons avec assurance au trône de grâce, pour obtenir miséricorde, et pour être aidé au temps opportun* (Héb. 4. 16). Il lui répondit : D'où vient que vous ne dites pas, allons demander miséricorde, plutôt que de dire, comme vous faites, avec tant de confiance, allons pour obtenir miséricorde? C'est mon Rédempteur qui m'a fait la promesse de m'exaucer, en disant : *Je ne rejetterai point celui qui vient à moi; il est fidèle et juste pour tenir ce qu'il a promis* (Jean 6. 7; 1 Jean 19). Oui, Mademoiselle, ajouta-t-il, il a fait cette promesse à votre contrition, à votre repentance et à votre foi.

Pendant tout ce jour-là, qui était le mercredi, elle dit encore plusieurs belles choses dont il n'y a pas moyen de se souvenir parfaitement. On eût dit que la malade était une âme détachée d'un corps; elle avait entièrement oublié la terre et toutes les liaisons qu'elle y avait; elle ne pensait qu'à s'unir à son Dieu par la méditation, en attendant qu'elle fût unie dans le ciel d'une parfaite union.

Sur le soir, il lui prit une sècheresse de gorge et une fort grande altération; mais à cause de son estomac, qui ne pouvait pas seulement souffrir une goutte d'eau sans avoir de soulèvement furieux, une toux cruelle et une oppression étouffante, on ne put rien lui donner. On demanda un épithème, à cause de sa grande palpitation de cœur, pour tâcher de l'apaiser; mais elle, qui se mettait fort peu en peine du secours qu'on devait donner à son corps, s'écria tout d'un coup : Jésus, mon céleste médecin, applique-moi le mérite de ton sang, il guérira infailliblement mon âme.

Elle entra aussitôt après dans des douleurs très-violentes, ce qui fit que toute cette nuit-là elle eut très-peu de repos; mais elle se consolait toujours en Dieu, ne cherchant point ailleurs que dans sa Parole le remède à ses maux.

Elle disait souvent : Eternel, parle, car ta servante écoute; parle, mon Dieu, à mon cœur; et ayant derechef demandé quelle heure il était, à un Gentilhomme qui ouvrait les fenêtres de sa chambre, il lui dit qu'il était presque jour, et il ajouta : Est-ce, Mademoiselle, que vous avez dessein de faire comme David, qui se levait au point du jour afin de louer son Dieu? Elle lui répondit : Non, Monsieur, je ne puis point; mais je veux le bénir continuellement, dans mon lit d'infirmité.

O mon Dieu, mon unique espoir !
Dès le matin je te réclame.
Eternel, je sens dans mon âme
Une ardente soif de te voir :
Mes yeux éteints, mes veines vides,
Mon cœur flétri, prêt d'expirer,
Ne cessent de te désirer,
Au fond de ces déserts arides.
Fais, ô Dieu ! qu'encore une fois,
Brûlant du désir de te plaire,
Je puisse, dans ton sanctuaire,
Voir ta gloire, entendre ta voix.
Ta grâce vaut mieux que la vie;

Ton Nom, si grand, si redouté,
Toujours par moi sera chanté
Avec une ardeur infinie.
En tout temps, dans tous mes desseins,
T'adorant, marchant en ta crainte,
Invoquant ta Majesté sainte,
Vers toi je lèverai mes mains.
Ravi de joie en ta présence,
Et de tes biens rassasié,
Mon cœur, à toi seul dédié,
Bénit sans cesse ta clémence.
Dans mon lit même il me souvient
De la gloire de tes merveilles.
Mon esprit, dans mes longues veilles,
Toutes les nuits s'en entretient;
Et puisqu'en mes douleurs mortelles,
Tu m'as fait sentir ton secours,
Je veux me reposer toujours,
Sans crainte, à l'ombre de tes ailes,
Mon âme t'embrasse et te suit,
Et s'attache à ta bienveillance (Ps. 63).

Sur les quatre heures, son mal augmenta si fort, qu'elle avait des douleurs excessives; on le connaissait par des cris aigres et perçants qu'elle jetait de temps en temps, et par des convulsions extraordinaires qui lui tournaient entièrement les bras, et qui la mettaient tout en double; mais son esprit ne perdit jamais rien de sa force et de sa liberté.

Dans une grande douleur, elle s'écria : Mon

Dieu, aie pitié de moi; *fais que cette coupe passe arrière de moi sans que je la boive, toutefois ta volonté soit faite et non pas la mienne* (Matth. 16. 36); et à une autre douleur qui semblait la devoir jeter hors du lit, tant son corps était agité, elle s'écria, tout éclairée: Brise, mets en pièces ce pauvre corps; si est-ce que je t'aimerai toujours, puisque tu m'as aimée, et m'as fait voir que tu es apaisé envers moi.

A une autre douleur, elle dit: Tes flèches, il est vrai, m'ont navrée; mais quand tu multiplierais mes maux à l'infini, je multiplierais toujours pour toi mon amour, ô mon Dieu!

Hâte-toi de venir à mon aide,
Seigneur! qui es ma délivrance.

Seigneur Jésus, viens, oui, Seigneur Jésus, viens (Apoc. 22).

Tire-moi de cette prison,
Afin que je chante ton nom (Ps. 142).

Je te supplie très-humblement: apaise mes maux, et me mets bientôt auprès de toi; non point pourtant ce que je veux, mais ce que tu veux; et regardant Madame sa mère, elle lui dit: Ma chère mère, je souffre les cruelles atteintes de la mort.

Dans une autre douleur qui la saisit, elle s'écria: Priez Dieu pour moi, secourez-moi. Une autre fois, elle s'écria: Ah! je n'en puis plus: je bois jusqu'à la lie la coupe d'angoisse.

Le Pasteur lui dit : Votre Père céleste vous traite comme il a traité pour vous son Fils unique, qui ne lui a jamais été plus agréable que dans les douleurs de sa passion. Hélas ! répondit-elle, je veux tout ce que mon Dieu veut : *Car quand je serai faible, ce sera alors que je serai forte; je puis tout en Christ qui me fortifie* (2 Cor. 12. 10).

Ah! que je souffre! Mon Dieu, tu le veux, et je le veux aussi ; souffrons avec obéissance ; *c'est où Dieu prend plaisir ; garde seulement, Seigneur, l'ouverture de mes lèvres* (1 Pierre 2. 20). Que je ne murmure contre toi. Je te bénirai toujours, ô mon Dieu ! Un moment après, elle dit à ceux qui étaient autour d'elle : Je prie Dieu qu'il abrége vos douleurs, dans vos derniers moments.

Viens, Seigneur, viens et prends pitié de moi;
Car, ô mon Dieu, mon âme espère en toi.
(Ps. 57).

Les cordeaux de la Mort m'environnent ; les détresses du sépulcre m'ont rencontrée; j'ai rencontré détresse et ennui. Ne cache point ta face de moi, au jour que je suis en détresse ; hâte-toi, réponds-moi, écoute-moi, mon Dieu, je répands devant toi ma complainte, je te déclare mon angoisse, aie pitié de ta pauvre servante, ô mon Dieu ? mon âme se pâme en moi. Elle dit tous ces passages en de différentes douleurs, car elle ne parlait pas long-temps d'une haleine. Puis s'étant mise de nouveau sur son séant, et comme si elle n'eût plus été la même, elle s'écria : *Mais, mon âme, pourquoi t'abats-tu? pourquoi frémis-tu au-dedans de moi? Attends-toi à Dieu, car je le célèbrerai encore; son regard est ma délivrance même* (Ps. 42).

Madame sa mère lui dit alors : *Comme un père est ému de compassion envers son enfant, ainsi est ému l'Eternel envers ceux qui le révèrent* (Ps. 103. 13). Elle répondit : Oui, ma chère mère, votre amitié n'est rien au prix de celle que mon Sauveur m'a portée; mon Dieu m'aime : il parle à sa servante selon son cœur; il m'a comblée de sa grâce, et c'est *de peur que je ne m'élevasse, qu'il a mis cette écharde en ma chair* (1 Cor. 12). Aussitôt que son mal cessait un peu, elle se mettait toujours ainsi sur son séant, louant Dieu sans cesse du relâche et du soulagement qu'il lui donnait, en disant : Je te bénirai toujours, mon Dieu, je t'aimerai toujours. Et quand les douleurs revenaient, elle se mettait les mains sur le côté et s'excitait elle-même à la patience par ces paroles : Courage, mon âme, bénis toujours ton Dieu; courage, mon âme, aime toujours ton Dieu; *les souffrances du temps présent ne sont point à contre-peser avec la gloire qui est à venir* (Rom. 8). Mes maux sont pourtant bien terribles.

Mes forces m'abandonnent,
Mes os mêmes s'étonnent (Ps. 31).

A une autre violente douleur qui lui survint, elle s'écria pour la deuxième fois : Je n'en puis plus.

Apaise-toi : je suis près de mourir,
Hâte-toi de me secourir (Ps. 39).

Tu me châties bien sévèrement, ô mon Dieu ! mais je baiserai pourtant la verge dont tu te sers.

Le Pasteur lui dit : *Si vous étiez sans discipline, vous seriez un enfant supposé et non pas légitime; car vous savez que Dieu châtie celui qu'il aime, et il fouette tout enfant qu'il avoue* (Héb. 12). Elle lui répondit : Il est vrai, Monsieur : je suis persuadée de ce que vous dites; mon Sauveur a bien plus souffert pour me racheter; *si je souffre avec lui, je règnerai aussi avec lui* (2 Tim. 12). Il a bu du fiel et du vinaigre; il a été navré jusqu'au cœur pour moi. Seigneur, couvre-moi de tes mérites, et fais que les douleurs que tu as souffertes sur la croix, me fassent oublier les miennes.

Comme on lui donna, en ce temps-là, un peu de vin pour la soutenir, elle prit le verre, et dit : *Je le boirai bientôt nouveau au royaume de mon Père* (Matth. 26 et 29); et ses douleurs étant revenues, elle s'écria encore : *Toutes ses vagues ont passé sur moi, et tu m'as accablée de tous tes flots* (Ps. 42). Oui, dit à cela le

Pasteur, mais vous ne dites pas que les vagues de sa miséricorde et que les flots de sa grâce vous ont inondée. Ah! répondit-elle, il est vrai : les grâces de mon Dieu sont en plus grand nombre que les maux que je souffre.

Croyez-vous, lui dit le Pasteur, qui entendait qu'elle se plaignait d'être fort accablée, croyez-vous que votre Père céleste soit irrité contre vous et qu'il vous laisse succomber sous cette tentation. Non, répliqua-t-elle, en se mettant sur son séant, non, Monsieur, je sais que *je suis plus que victorieuse par Celui qui m'a aimée* (Rom. 8, 36); là où les douleurs abondent, c'est là qu'abonde la consolation; la fille de Sion ne dit-elle pas : *Vous tous, passants, venez et voyez s'il y a douleur semblable à ma douleur?* (Lam. 1, 12). Et moi, j'ajouterai : Vous tous, passants, venez et voyez s'il y a de joie semblable à ma joie. Oh! que de douleur et de joie tout ensemble! Mon Sauveur, tu as dit pour moi : *Votre douleur sera convertie en joie* (Jean 16, 20).

Le Pasteur lui ayant dit : Vous faites l'expérience de ce que dit saint Paul, *que si l'extérieur est détruit, toutefois l'intérieur est renouvelé* (2 Cor. 4, 16); elle ajouta :

Réjouissons-nous au Seigneur,
Assemblons-nous à son honneur,
Car il est seul notre défense;
Courons à son temple aujourd'hui,

Afin de chanter devant lui,
Sa gloire et sa magnificence (Ps. 95).

Elle dit encore presque tout le Psaume 62.

Mon âme en son Dieu seulement,
Trouve tout son contentement.

Où est-il en effet le contentement, si ce n'est lui qui le donne ? Sa seule présence fait tout le rassasiement de joie (Ps. 34). *L'a-t-on regardé, on est tout éclairé, et la face n'en est point confuse.*

Après s'être un peu assoupie, elle tira son bras du lit en s'écriant :

Loué soit donc le Seigneur ! à lui soit gloire,
Le Dieu vivant, l'Auteur de ma victoire ! (Ps. 18).

Elle dit plusieurs versets des Psaumes 18 et 35. Elle se servait fort à propos des endroits les plus tendres, surtout de ceux qui sont dans les Ps. pénitentiaux, pour tâcher de fléchir son Dieu en sa faveur ; chaque parole de ces Ps. divins était pour elle un baume sacré, qu'elle appliquait si heureusement à ses plaies, qu'aussitôt elle en apaisait en quelque sorte la douleur. Ce qu'il y avait de surprenant, c'est que la violence de son mal ne l'avait presque point changée ; elle paraissait au contraire plus belle que jamais ; elle avait les yeux brillants, la bouche riante et le ton de voix très-ferme. Cependant elle ne se croyait pas dans cet état ; car ayant remarqué que ceux qui étaient auprès d'elle la regardaient d'un air de compassion, elle leur dit : Je fais grand'peur : apportez-moi, je vous prie, le miroir, afin que je me voie. On lui en apporta un d'abord, et quand elle s'y fut regardée : J'ai au moins l'air gai, Dieu merci ! dit-elle; et donnant avec beaucoup de mépris de la main contre le miroir, elle commanda qu'on l'ôtât d'auprès d'elle.

Madame sa mère, qui ne cherchait que des occasions de donner à cette chère fille des marques de sa tendresse, pour lui montrer qu'il s'en fallait beaucoup qu'elle ne lui fît peur, comme elle venait de le dire, voulut sur cela s'avancer pour la baiser; mais la malade s'étant retirée aussi scandalisée que si elle eût voulu commettre un acte d'idolâtrie, lui dit : Ah! ma mère, que faites-vous! vous n'y pensez pas sans doute; et se tournant en même temps de l'autre côté du lit, où était le Pasteur, elle lui dit : Cela n'est-il pas bien cruel: je suis détachée du monde, et ma mère m'y veut attacher de nouveau.

Elle s'aperçut aussi quelque temps après que Mademoiselle D. P. sa sœur, avec laquelle elle avait toujours vécu dans une union et une amitié la plus étroite du monde, la regardait fort tendrement; mais sans s'étonner et sans sentir aucun de ces monvements tendres que l'attachement qu'elle avait toujours eu pour cette sœur lui donnait autrefois, elle lui dit : Retirez-vous, ma chère sœur, vous ne m'êtes à présent pas plus qu'une autre.

Sur les sept heures du soir, les fenêtres de sa chambre étant ouvertes, elle dit à M. D. L. C. son parent, en lui montrant de sa main les tombeaux de ceux de sa maison : Voilà, monsieur, le lieu où mon corps sera bientôt mis en attendant la bienheureuse résurrection; et lui, prenant occasion, sur ce qu'elle venait de lui adresser la parole, de lui demander si elle n'avait rien à lui prescrire : Non, monsieur, lui dit-elle; je ne pense plus aux choses d'ici-bas, mon âme est déjà toute dans le Ciel, et si elle agit encore dans ce corps, ce n'est plus que pour louer incessamment mon Dieu; et continuant toujours à tourner l'entretien sur les choses du salut : J'ai vaincu, poursuivit-elle : toutes mes douleurs, quelque grandes qu'elles soient, j'en serai plus que victorieuse en Jésus-Christ qui m'a fortifiée; oh ! que ce péril-ci est bien digne de mon courage.

Enfin, elle a récité une infinité de passages de l'Ecriture, parmi lesquels elle mêlait quelquefois ses pensées. Elle disait fort souvent : Je serai à couvert de la colère de Dieu; et l'on ne peut nombrer combien de fois elle répéta: Je t'aimerai toujours ; aie bon courage, mon âme; non point ce que je veux, Seigneur, mais ce que tu veux: viens, Seigneur, oui

Seigneur Jésus, viens. C'étaient-là les paroles dont elle se servait dans ses complaintes, et desquelles elle soulageait sa douleur; car pour des paroles d'impatience et de murmure, il n'en sortait aucune de sa bouche. Une fois qu'on lui parlait des tentations de notre salut et des puissants efforts que l'ennemi faisait contre les fidèles à l'heure de la mort : Ah ! dit-elle, je ne crains point. *Ceux qui sont pour moi sont en plus grand nombre que ceux qui sont contre moi* (2 Rois 6 *v.*). *Le prince des ténèbres n'a rien en moi* (Jean 14, 30). *Etant justifiée par la foi, j'ai la paix envers Dieu par mon Sauveur Jésus-Christ* (Rom 5, 1). *Il n'y a nulle condamnation pour ceux qui sont en lui* (8, 1).

Comme on approchait de minuit, elle s'assoupit un peu, et ses amies qui ne la quittaient point profitèrent de ce moment; car comme l'on souffrait et qu'on priait avec elle, madame sa mère, qui s'était couchée sur le bord de son lit, remarqua que le vendredi, une heure avant jour, elle disait souvent : Miséricorde! viens, Seigneur Jésus, viens; et que ces cris ne paraissaient plus être des cris de douleur, mais plutôt des cris de joie : ce qu'elle fit remarquer à d'autres. Ainsi comme elle la vit plus tranquille qu'elle ne l'avait été depuis le mercredi au soir, et que même elle avait la mine riante, elle lui dit: Ma chère enfant, le Seigneur finira bientôt nos maux : attends ton Dieu patiemment. La malade se mit sur son séant, et regardant madame sa mère d'un air gai, elle lui dit : Ma chère mère , je ne mourrai point, la mort n'est qu'un passage à une vie plus heureuse : *ma maladie n'est pas à la mort, mais pour la gloire de Dieu* (Jean 11, 4). Venez vous réjouir avec moi ; Jésus-Christ m'a trouvée, moi qui étais la brebis égarée, moi qui étais la dragme perdue (Luc 15) ; et un peu après, elle dit encore d'un ton fort haut, comme en sortant d'une méditation profonde : *Si ces choses ont été faites au bois vert, que sera-t-il fait au bois sec ?* (Luc 23, 11).

Quand elle eut dit cela, elle ne parla plus à personne ; elle s'écria seulement encore une fois : Que j'ai de douleur et de joie tout ensemble ! Et puis elle se recoucha et s'assoupit.

Incontinent après elle entra dans les travaux de l'agonie ; son estomac s'élevait avec violence, son visage était abattu, la sueur sortait de son corps abondamment ; le bruit de sa poitrine s'augmentait, et enfin les yeux se tournèrent. Mademoiselle H..... son amie, qui lui toucha le bras, crut qu'elle expirait dans le moment ; mais elle revint de son assoupissement, les travaux de l'agonie se ralentirent, et ses yeux reprirent leur premier feu ; elle les frotta avec les deux mains, comme pour en écarter les nuages qui commençaient déjà à les couvrir; son visage recouvra aussi son air serein, et on l'entendit chanter avec mélodie le Ps. 84.

Roi des rois, Eternel mon Dieu !
Que ton Tabernacle est un lieu
Sur tous les autres lieux aimable !
Mon cœur languit, mes sens ravis
Ne respirent que tes parvis
Et que ta présence adorable ;
Mon âme vers toi s'élevant
Cherche ta face, ô Dieu vivant !

Ce fut une grande surprise pour un très-grand nombre de personnes qui étaient dans sa chambre; mais ce ne fut pas tout, car après avoir un peu repris haleine et s'être encore assoupie comme la première fois, elle se ranima de nouveau et commença le Ps. 91.

Oh ! que c'est chose belle
De te louer, Seigneur !
De chanter ton honneur
D'un cœur humble et fidèle !

Dont elle chanta seulement ces quatre lignes, telles qu'elles sont dans le dessus de Claudin, avec tous les agréments qu'on y pouvait donner; et étant tombée dans son précédent état, elle y demeura autant que la première fois; après quoi elle entonna le Ps. 80, dont elle chanta ces versets :

O Pasteur d'Israël, écoute,

Toi qui, par une sûre route,
Conduis Joseph, comme un troupeau;
Viens avec un éclat nouveau,
Toi qu'on voit plein de majesté
Entre les Chérubins porté,
Oh Dieu! notre espoir, notre asyle,
Rends-nous un état plus tranquille,
Donne-nous encor, de tes yeux,
Un regard doux et gracieux;
Fais luire sur nous ta clarté
Et nous serons en sûreté.

Puis étant tombée pour la quatrième fois dans le travail de l'agonie, elle y demeura quatre heures, et chanta, après en être revenue :

Mon âme en tes mains je viens rendre;
Car tu m'as racheté,
O Dieu de vérité! (Ps. 31).

Madame sa mère l'entendant chanter avec tant de force, lui dit : Ma chère enfant, puisque Dieu m'a fait la grâce de mettre en ta bouche la première parole dont tu l'as béni, je veux y mettre encore la dernière que j'entendrai jamais de toi en ce monde; puis elle récita ces deux lignes du Ps. 34:

Ma bouche dira son honneur,
Tandis que je vivrai!

que la malade chanta avec grande fermeté, les yeux ouverts et la bouche riante. Puis étant tombée dans les mêmes agitations de l'agonie,

Madame sa mère, qui ne pouvait la voir expirer, lui dit avec une force d'esprit miraculeuse: Adieu ! ma chère fille ; *J'irai vers toi, mais tu ne reviendras plus vers moi ;* (2 Sam. 12, 13.) nous nous verrons au jour de la résurrection bienheureuse. Et après avoir prononcé ces paroles, elle sortit de la chambre et s'alla mettre dans son lit, en attendant que l'agonisante eût rendu son âme entre les mains de son Père céleste ; mais plus de trois heures après, M. D. son Pasteur, qui voulait voir si elle avait encore quelque sentiment, lui prit la main, lui secoua le bras et l'appela, en lui disant de lui serrer la main, si elle l'entendait encore ; il la piqua même avec une paille sans qu'elle donnât plus aucun signe de vie ; mais lorsqu'il allait sortir de la chambre, le corps se ranima encore tout d'un coup, et se mettant de nouveau toute seule sur son séant, elle chanta pour la deuxième fois :

Mon âme en tes mains je viens rendre;
Car tu m'as racheté,
O Dieu de vérité !

Il approcha en même temps l'oreille de sa bouche, et entendit qu'elle disait à Dieu: Seigneur, laisse maintenant aller ta servante en paix, car mes yeux ont vu ton salut. Un moment après, sans se remuer en aucune manière, elle jeta trois soupirs, et rendit l'esprit ; et l'on vit en même temps sur son visage et dans ses yeux, qui demeurèrent à moitié ouverts, une impression de joie qui marquait que son âme goûtait la félicité du Ciel, avant même que les liens dont elle était attachée au corps qu'elle animait, fussent absolument rompus.

Tout ce qui va être rapporté touchant la Reine Marie, a été tiré de l'Oraison funèbre de cette Reine, composée et prononcée par l'archevêque de Cantorbéry.

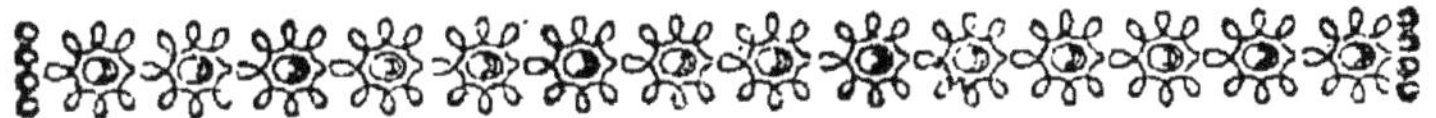

LES DERNIÈRES HEURES

DE

LA REINE MARIE

ÉPOUSE DE GUILLAUME III.

Quoiqu'il soit très-rare de trouver, parmi les princes et les rois de la terre, une piété exacte et solide, parce qu'éblouis de l'éclat de leur grandeur et séduits par les vanités du monde, ils se croient au-dessus des lois les plus sacrées et s'abandonnent aux plaisirs du siècle, qui les enchantent, cependant il y a eu de temps en temps des princes assez heureux pour éviter la contagion du monde; et on a vu des rois et des reines donner, pendant leur vie et à leur mort, de grands exemples d'une grande piété. Telle a été Marie, reine d'Angleterre, d'Écosse et d'Irlande, dont la mémoire est et sera toujours en bénédiction, et dont je me suis proposé d'écrire les dernières heures, pour l'édification publique.

Avant que de commencer, je dirai un mot de sa naissance et des principales circonstances de sa vie, en faveur de ceux qui n'en savent point l'histoire. Elle naquit à Londres en 1662. Elle était fille du duc d'Yorck, qui fut ensuite Jacques II, roi d'Angleterre, et petite-fille de Charles Ier, prince extrêmement malheureux.

Après que ses parents l'eurent élevée avec beaucoup de soins et de succès, ils la donnèrent en mariage à Guillaume de Nassau, prince d'Orange, qui l'avait choisie pour être son épouse. Ce mariage se consomma en 1677, avec l'approbation et la joie non seulement du père, mais aussi du roi Charles II et de toute sa cour.

Après la mort de ce dernier, le duc d'Yorck, son frère, père de la princesse Marie, parvint à la couronne par droit de succession, comme le plus proche héritier. Mais abusant de son autorité, il voulut renverser les lois fondamentales du royaume et abolir la véritable religion : ce qui engagea les principaux du royaume d'avoir recours, au nom de toute la nation, à Marie, princesse d'Orange, et à son époux (qui était gouverneur et capitaine-général des Provinces-Unies), pour les prier de les secourir dans un si grand besoin. Le prince et la princesse, légitimes héritiers de la couronne, après plusieurs délibérations, résolurent de délivrer l'Angleterre de la misère extrême où elle se trouvait. Guillaume, suivi d'une bonne armée que les États-généraux lui avaient mise en main, passe en Angleterre en 1688, où il est très-bien reçu. Bientôt après ils envoyèrent en Hollande douze vaisseaux bien équipés, pour transporter la princesse en Angleterre. Elle n'y fut pas longtemps sans qu'on l'élevât sur le trône de ses ancêtres, car elle fut couronnée, conjointement avec son époux, le 21 avril de l'an 1689. Ayant régné quelques années avec beaucoup d'amour pour ses peuples, elle mourut le 7 janvier 1694, âgée de 32 ans. Sa mort fut fort édifiante, comme le va faire voir la relation de ses dernières heures.

Quelques jours avant la fête de Noël, cette princesse se trouva indisposée; il faut croire que dans les lieux où on le sut, cela retint la liberté que quelques-uns se donnent d'employer ce temps de fête à des divertissements peu conformes à la solennité de ce jour. « Je ne saurais dire (C'est l'archevêque de Contorbéry qui parle) qu'elle eût aucun présage assuré de cette affliction ; néanmoins il se passa quelque chose par où il semblait qu'elle s'y préparait. C'est qu'elle se fit lire plus d'une fois, un peu avant qu'elle tombât malade, le dernier sermon d'un homme de bien et très-savant, qui est présentement avec Dieu, sur ce sujet : *Que nous prenions le bien de la part de Dieu, et le mal que nous ne le prenions pas.*

Cette indisposition dégénéra bientôt en une dangereuse maladie (1). Aussitôt qu'on sut ce que c'était, le premier soin de cette charitable et de cette bonne maîtresse fut d'éloigner ceux de ses domestiques dont la santé aurait couru quelque risque en demeurant auprès d'elle. Peu après, elle marqua les heures (2) auxquelles on ferait les prières dans la chambre où elle était retenue par sa maladie. Ce même jour elle donna des marques de sa sensibilité pour la mort, et fit voir combien peu elle la craignait. Elle pria celui qui lisait les prières, d'y ajouter la collecte qui est dans le Service de la Communion des malades, dans laquelle se trouvent ces paroles : *Et lorsque tu auras séparé son âme de son corps, fais qu'elle comparaisse devant toi sans tache.* Je veux, dit-elle, qu'on lise cette collecte (ou prière) deux fois

(1) C'était une petite vérole mêlée de fièvre et de pourpre.

(2) Comme elle avait été fort exacte à donner chaque jour quelques heures à la lecture, à la méditation et à la prière, elle veut continuer son exactitude dans le temps où le secours de Dieu lui est le plus nécessaire.

chaque jour. Tous les hommes ont besoin qu'on les fasse souvenir de la mort, et les princes autant que personne.

Le lundi suivant, cette maladie fit concevoir quelques espérances, quoiqu'elles ne fussent que très-petites. Le lendemain, qui était le jour de la naissance de Jésus-Christ, ces espérances devinrent presque des certitudes. On s'abandonna à la joie, qui se répandit sur les visages de tous les gens de bien, qui ne pouvaient s'empêcher de l'exprimer, de sorte qu'il ne faut point douter qu'elle ne fût encore plus grande dans leur cœur. Mais hélas! on vit quel changement peut arriver en peu d'heures: cette joie ne dura qu'un jour, et ce jour fut suivi d'une triste nuit. La maladie se fit voir en diverses formes, et il ne restait que très-peu d'espérance de vie. Ce fut alors que celui qui faisait les prières (1), se crut obligé d'avertir la Reine du peu d'apparence qu'il y avait qu'elle en pût relever. Elle reçut cette nouvelle avec un courage conforme à la grandeur de sa foi; loin d'épouvanter ceux qui étaient près de sa personne, elle parut ne point craindre la mort, ni désirer la vie. Elle ne marqua pas le moindre regret d'abandonner ces gran-

(1) C'était le docteur Tenisson, qui avait été fait depuis peu archevêque de Cantorbéry, qui est celui dont nous copions les paroles.

deurs temporelles (1) qui font que tant de gens d'un rang élevé ne voudraient jamais mourir. On n'eut pas, comme on peut croire, une petite satisfaction de lui entendre dire plusieurs choses aussi chrétiennes que touchantes, et entr'autres celle-ci : *Je crois que je suis sur le point de mourir ; je remercie Dieu d'avoir, dès ma jeunesse, appris cette véritable doctrine, qu'il ne faut point attendre qu'on soit au lit de la mort pour se repentir* (2).

(1) C'est une chose assez rare qu'une Reine, à la fleur de son âge, quitte le monde sans regret. Les personnes vulgaires ont souvent beaucoup de peine à le quitter, même dans un âge avancé. La Reine connaissait des biens plus solides et un royaume plus constant, qu'elle allait posséder, et de là venait sa résignation et son détachement.

(2) C'est en effet un des préceptes des plus importants du Christianisme, que peu de gens connaissent bien, au moins autant qu'on en peut juger par leur conduite. C'est pourquoi ils renvoient toujours leur conversion à l'avenir, et enfin se perdent malheureusement. Que la Reine ait appris cette vérité dès sa jeunesse, c'est ce que prouve la vie sainte qu'elle a menée. Heureux si nous profitons de son exemple ! Les paroles sorties de la bouche d'une grande Reine devraient faire beaucoup d'impression sur nos esprits. Celui qui a écrit sa vie, rapporte qu'elle répondit à l'archevêque qui l'exhortait à se préparer à la mort : Je n'ai point attendu jusqu'ici à me préparer à la mort, mais j'ai tâché de servir Dieu pendant ma vie. Cela est aussi fort remarquable, et a beaucoup de rapport avec ce qui précède.

Elle souhaita, ce jour-là, qu'on fît la prière pour la troisième fois, parce qu'elle croyait d'avoir dormi lorsqu'on les avait lues la seconde. Elle croyait que ce n'était pas faire son devoir que de le faire sans application. Le jeudi elle se prépara pour faire la sainte Communion, à laquelle elle avait si souvent participé depuis l'âge de quinze ans. Elle était extrêmement fâchée de se trouver assoupie. C'est ainsi qu'elle l'exprimait; à quoi elle ajouta : *J'ai bien besoin que les autres prient pour moi, puisque je suis si peu en état de prier pour moi-même.* Cependant elle s'efforça de réveiller son attention, et demanda à Dieu son assistance, qui la lui accorda. Car depuis ce moment-là jusqu'à la fin du service, elle eut une parfaite connaissance, et fut si appliquée au grand ouvrage qu'elle allait faire, que le reste de quelque potion qu'on lui avait préparée lui ayant été présenté, elle le refusa en disant : *Je n'ai que peu de temps à vivre, et je le veux mieux employer* (1). Les saints ali-

(1) Ces paroles sont dignes de remarque, et comme elles font voir l'exactitude de la Reine à bien ménager son temps, pour se disposer à bien mourir, elles couvrent de honte un grand nombre de personnes qui se dissipent pendant leur vie, et même à l'heure de leur mort, laissant échapper les moments précieux qui leur restent, sans mettre ordre aux affaires de leur conscience. La

ments étant prêts, et plusieurs évêques s'étant approchés, pour participer à la sainte Communion, elle répéta dévotement et distinctement (mais d'une voix basse que la force du mal avait affaiblie) toutes les parties du service divin qui lui étaient propres, et elle reçut avec toutes les marques d'une grande foi et d'une ardente piété, les sacrés gages de la grâce de Dieu, le remerciant avec humilité et de tout son cœur de n'avoir pas été privée de ce bonheur. Elle avoua que Dieu lui avait fait plus de faveurs qu'elle n'en espérait en des occasions de moindre conséquence, ayant sans indécence et sans difficulté pris et mangé le pain de la Cène, quoiqu'il y eût déjà quelque temps qu'elle n'en pouvait plus avaler d'autre.

Elle pria qu'on fît les prières, cette après-midi-là, de meilleure heure qu'à l'ordinaire, dans la crainte (et ce fut sa raison) qu'elle ne fût pas encore long-temps en état d'y assister avec attention. C'est ce qui arriva; car on pouvait aisément voir qu'après cela la mort approchait d'elle chaque moment.

Reine avait toujours été fort bonne ménagère de son temps, jusque-là qu'elle se faisait lire des livres de piété par ses demoiselles, aux heures qu'elle ne pouvait dormir. Ainsi il n'est pas surprenant qu'à l'heure de la mort, elle consacrât uniquement à Dieu le peu de temps qui lui restait.

Cependant cette véritable chrétienne tint son âme aussi attachée qu'elle le pouvait aux meilleures choses. On lut, par ses ordres, divers psaumes de David et un chapitre d'un excellent livre touchant notre confiance en Dieu. Sur la fin de cette lecture, le jugement commença à lui manquer; mais non pas tant qu'elle ne pût dire encore fort dévotement *Amen*, à la prière par laquelle son âme pieuse était recommandée à Dieu, qui la lui avait donnée. Elle ne fit paraître pendant tout ce temps-là aucune impatience, aucun chagrin, ni aucun déplaisir; on n'entendit aucun murmure, rien de mal à propos, rien qui marquât de la faiblesse, pas une parole mal en ordre. Le Roi était alors dans une très-grande affliction, et plusieurs virent l'excès de sa douleur sans que personne y remarquât rien d'indigne de lui, ce qui n'est pas facile à représenter. Enfin, tous les secours de l'art, les prières et les larmes (1) étant inutiles, après deux ou

(1) Il est certain que plusieurs personnes firent des vœux pour sa santé, parce qu'elle était fort aimée. Mais surtout tant de pauvres qui la regardaient comme leur mère, ne purent s'empêcher de prier Dieu avec larmes, afin qu'il la leur laissât encore. Elle était comme une autre Dorcas, l'asile des misérables et le trésor des pauvres honteux. Ses charités étaient fort abondantes, et s'étendaient plus loin que le royaume. Quatre fois l'an, elle faisait des charités considérables, qu'elle cachetait elle-

trois petits efforts de la nature, et sans les agonies et les sanglots si ordinaires dans une telle occasion, après avoir comme David *gouverné son peuple selon la volonté de Dieu*, elle s'endormit.

C'est ainsi que finit ses jours cette vertueuse, cette grande, cette bonne Princesse (1), qui n'aurait jamais pu apprendre l'art de mourir avec tant de résignation, si elle n'eût auparavant appris et pratiqué celui de bien vivre.

même, et les envoyait secrètement par des personnes affidées, la main qui les donnait étant le plus souvent inconnue à ceux qui les recevaient.

(1) Il est certain que cette Princesse, autant qu'on en peut juger, avait de la piété et de la vertu; et la déclaration qu'elle fit de la sincérité de sa dévotion, ne nous permet pas d'en douter. Je sais, dit-elle, ce que les mondains croient de ceux qui prétendent avoir quelque religion : ils s'imaginent que ce n'est qu'hypocrisie; mais qu'ils en pensent ce qu'il leur plaira, je puis dire à présent, et je remercie Dieu de le pouvoir dire, que je n'ai jamais affecté de paraître ce que je n'étais pas.

PRIÈRES ET MÉDITATIONS.

Méditation d'une âme qui soupire après la vie éternelle.

Mon âme que fais-tu en ce monde! A quoi t'occupes-tu, malheureuse! Tu ne fais qu'offenser ton Créateur dès ta jeunesse; ton entendement est rempli de ténèbres, ta volonté n'est point droite, tes inclinations sont presque toutes pour la terre. Ce corps que tu animes a aussi les mêmes affections que toi; ses yeux regardent au mal avec plaisir, ses oreilles l'entendent, sa bouche le prononce, ses mains en sont les ouvrières, et ses pieds y courent. Que si tu as quelque bonne pensée, tu ne peux pas te glorifier qu'elle vienne de toi.

O mon âme! te plairas-tu toujours dans les chaînes de ton esclavage? Ne souhaiteras-tu jamais d'être délivrée de ce corps mortel pour être mise en la liberté des enfants de Dieu? Oui sans doute. Et toi, mon Seigneur et mon Dieu, tu m'en seras un témoin fidèle.

Tu sais que je désire de déloger pour être avec J.-C., ce qui m'est beaucoup meilleur; tire-moi donc, je te supplie, de cette captivité, et enlève mon âme au séjour des bienheureux. Si je demeure plus long-temps sur la terre, je ne ferai que t'offenser, bien que malgré moi, et quelle gloire y auras-tu ? mais si je monte là-haut, je te bénirai éternellement, et n'y prendras-tu pas plaisir? Je sais que c'est-là l'occupation de tes Anges et des âmes bienheureuses; que les quatre animaux et les vingt-quatre anciens, et toutes les armées célestes te louent incessamment. O Seigneur! je te supplie que je tienne aussi ma partie avec les saints glorieux; que je célèbre tes vertus infinies, mais particulièrement ta miséricorde, de ce que tu as donné ton Fils unique, afin que quiconque croira en lui ne périsse point, mais qu'il ait la vie éternelle.

Et toi, Seigneur Jésus, mon Rédempteur, mon avocat et mon intercesseur! obtiens de ton Père céleste la grâce que je te demande, et que je ne saurais mériter, parce que je suis pécheur. Donne-m'en les assurances par ton St-Esprit. Si tu ne veux pas encore m'accorder cette grande grâce, je l'attendrai patiemment, et je dirai toujours avec une humilité profonde : Seigneur, ta volonté soit faite et non pas la mienne; quand tu me tuerais, j'espèrerais toujours en toi. Amen.

Prière et Méditation pour le malade qui se dispose à la mort.

O Dieu tout-puissant et tout bon, qui crées la lumière et les ténèbres, et qui dispenses les biens et les maux par ta sage Providence! je reconnais que c'est ta main qui m'attache à ce lit d'infirmité. Au lieu de me plaindre de ta justice, j'adore ta bonté et les merveilles de ta sagesse, qui est diverse en toutes choses. O Seigneur! que tes châtiments sont doux, au prix de mes offenses! Oh! que j'ai malheureusement abusé de tes grâces! et que j'ai mal employé la santé que j'ai tenue de toi, en qui seul nous avons la vie, le mouvement et l'être! J'ai eu plus d'amour et plus de passion pour toutes les choses du monde et pour le contentement de cette chair misérable, que pour la gloire de ton grand Nom et pour le salut de mon âme. Que ne puis-je arroser cette couche de mes pleurs, et la baigner de mes larmes! O Dieu, qui connais toutes choses! tu sais que ce ne sont pas des larmes de dépit, mais de regret d'avoir offensé un si bon Père et un si miséricordieux Seigneur. Dans ce châtiment même, je sens les effets de tes compassions et je découvre les entrailles de ton admirable charité. Je vois bien que tu ne me reprends point en ta colère et que tu ne me corriges point en ta fureur ; que tu ne me punis pas en juge, mais que tu me châties en Père, et ce châtiment même est un témoignage de ton amour et de ton soin paternel. Car tu châties tous ceux que tu aimes, et tu fais sentir tes verges à tous ceux que tu avoues pour tes enfans ; de sorte que si nous étions sans la discipline, dont tous sont participants, nous ne serions pas des enfants légitimes, mais des supposés. Si ce châtiment me cause des inquiétudes, de la tristesse et de la douleur, un jour il produira pour moi des fruits paisibles de justice : je goûterai les douces consolations et les joies inénarrables de ton Esprit, et mon entendement en sera tout éclairé. Amen.

Autre Prière.

O Dieu tout-puissant et tout sage, qui tires la lumière des ténèbres, et qui fais que toutes choses aident ensemble en bien à ceux qui t'aiment ! dispose de cette maladie comme il te plaira, pourvu que ce soit à ta gloire et à mon salut. Tu vois mon affliction et mon pauvre état, et tu sais mieux que moi-même ce qui m'est expédient et salutaire. O grand Dieu! je sais que tu peux tout, et que c'est toi qui fais la plaie et qui la bandes. Tu navres, et tes mains guérissent ; tu mènes au sépulcre, et tu en ramènes ; tu guéris quand il te plaît, les plus désespérés ; et c'est toi qui fais revivre les morts et qui appelles les choses qui ne sont point, comme si elles étaient. O incomparable Médecin ! non-seulement tu peux répandre ta bénédiction sur les remèdes qui sont administrés ; mais tu n'as qu'à dire un mot, et je serai parfaitement guéri. Que si pour des raisons que tu as par-devers toi, il te plaît que ma maladie continue, continue-moi, Seigneur, et me redouble tes assistances paternelles et les consolations de ton Esprit. Arme-moi d'une patience vraiment chrétienne, et me revêts d'une constance digne de la profession dont tu m'as honoré. Puisque tu es le souverain Médecin du corps et de l'âme, je te supplie, mon Dieu ! que si tu n'ôtes pas la langueur qui assiége mon corps, au moins tu arraches de mon cœur tous les ennuis qui me rongent et qui le consument. Remplis mon âme de ta paix, de ta joie, de ton amour et de tes consolations célestes. Tandis que mon corps croupit sur la terre et que je suis privé de la compagnie des hommes, que mon cœur s'élève jusqu'au plus haut des cieux, et que tu sois mon plus doux entretien et mes plus chères délices. Amen.

Autre Prière.

O mon Dieu! je n'ai que trop perdu de temps aux affaires de ce siècle, qui ne sont que vanité et rongement d'esprit. Fais-moi la grâce d'employer le repos que tu me donnes à penser à mes péchés, pour en demander pardon avec une sérieuse repentance, à tes grandes et éternelles miséricordes, pour les embrasser avec une vraie et vive foi, et à la gloire et félicité de ton Royaume, pour y aspirer avec de saints transports et des ravissements de joie; de sorte que je puisse dire véritablement avec l'homme selon ton cœur : *Mon âme est rassasiée comme de moelle et de graisse, et ma bouche te loue avec chants de réjouissance, quand il me souvient de toi en mon lit, et que je médite de toi durant les veilles de la nuit.* Ma maladie me semble longue; mais hélas ! Seigneur, mes péchés ont été de beaucoup plus longue haleine; et tout le mal qui m'ennuie et qui me fait soupirer, est peu de chose aux prix des biens et de la félicité qui m'attendent au Ciel. Quand tout le cours de ma vie ne serait qu'une langueur, ce n'est qu'un moment au regard de l'éternité, et ce moment d'affliction, qui ne fait que passer, produit un poids éternel de gloire, d'une gloire excellente par-dessus toutes choses. O Seigneur! que la maladie et les douleurs de ce corps servent à mon âme de médecine et d'aiguillon à la piété et à toutes sortes de vertus chrétiennes. Que j'apprenne par-là à renoncer au monde et à moi-même, et à me résigner absolument à ta sainte et divine volonté. Comme Jésus-Christ m'est gain à vivre et à mourir, donne-moi aussi d'être également disposé à te glorifier, soit par la vie, soit par la mort. Si tu veux que je vive, que ce soit pour vivre mieux que jamais en la crainte de ton saint Nom et en l'obéissance de tes divins commandements, et que si je me lève de ce lit d'infirmité, ce ne soit que pour te glorifier et pour te servir jusqu'au dernier soupir de ma vie. Mais s'il te plaît de me retirer du monde, me voici pour faire, ô Dieu! ta volonté et pour y obéir sans résistance. Mon âme est déjà détachée de ce corps langoureux et toute disposée à te servir. Elle ne s'afflige point de voir ce corps affaibli et comme un habit usé; parce que tu lui prépares une robe de couleur immortelle; elle ne se travaille point de voir démolir cette loge de terre, parce qu'elle a une maison au Ciel dont tu es l'Architecte et le Bâtisseur. Il y a long-temps que je regarde ce lit comme l'image du tombeau où mon corps sera bientôt couché, et que je me représente la mort comme une main qui vient rompre le dernier chaînon de cette chaîne de misère. Elle mettra fin à ma langueur, et elle effacera tous mes ennuis; et c'est elle qui me tirera de ce chétif tabernacle qui tombe de pourriture, pour m'introduire dans le glorieux palais d'incorruption, où tu habites, et où je te glorifierai éternellement, avec les milliers d'Anges et avec tous les Esprits triomphants. Amen.

Prière et Méditation sur le temps de la mort.

O Seigneur, qui gouvernes toutes choses par ton adorable sagesse, qui t'es réservé les temps et les saisons en ta propre puissance! non-seulement tu as écrit mon nom au registre des mortels, mais tu as mesuré le cours de ma vie et déterminé l'heure de ma mort. Tu as compté mes jours et prescrit mes limites; de sorte qu'il m'est impossible de passer outre. C'est toi, souverain Arbitre de l'univers, qui, dès le temps éternel, a marqué de ton doigt le moment de mon entrée au monde et celui de ma sortie. Ce pauvre corps n'est qu'un vaisseau de terre, et c'est la fragilité même. Cependant, il ne peut être brisé que de tes saintes mains qui l'ont fait et façonné. Si un passereau ne tombe point à terre sans ta volonté, beaucoup moins mon âme s'envolera-t-elle au Ciel sans tes ordonnances. Mon

Père et mon Dieu, que je ne sois point du nombre de ces misérables qui, pour la crainte de la mort, sont en de continuelles frayeurs ; mais que je me repose sur toi, qui fais mourir et qui fais vivre, qui fais descendre au sépulcre, et qui en fais remonter. Que Satan et tous les ennemis de ta gloire machinent contre moi tout ce qu'ils voudront : ils ne feront rien du tout, sinon ce que ta main et ton conseil ont ordonné avant la fondation du monde. Sans ta sainte et divine volonté, ils ne sauraient ni m'arracher un cheveu de la tête, ni diminuer d'un seul moment le temps que j'ai à vivre en cette chair mortelle. O Dieu tout-puissant et tout bon ! je te recommande mon âme, comme à mon fidèle Créateur, et je la remets absolument entre tes mains. Me voici, pour faire ta volonté et pour t'obéir sans résistance, soit qu'il te plaise que cette âme que tu as créée à ton image, et qui est une étincelle de ta divinité, demeure en ce corps, afin que je te serve en la terre des vivants, soit que tu veuilles l'élever au Ciel, afin qu'elle t'y glorifie avec tes Saints bienheureux et tes Anges triomphants. Amen.

VALENCE, IMPRIMERIE DE MARC AUREL FRÈRES.

www.ingramcontent.com/pod-product-compliance
Ingram Content Group UK Ltd.
Pitfield, Milton Keynes, MK11 3LW, UK
UKHW020943180726
13838UKWH00003B/1098